Alexander P. F. Ehlers · In den Zeiten der Corona-Pandemie – Briefe!

Allitera Verlag

»Wenn wir die Krise als eine Chance begreifen und es richtig anstellen, dann wird uns Muße geschenkt.« – Mit diesen Worten richtet sich Alexander P. F. Ehlers, promovierter Mediziner und Jurist sowie Präsident des Rotary Clubs München 2019 / 20, an seine rotarischen Freunde. In Form von insgesamt 16 Briefen geleitet er die Rotarier und alle interessierten Leser durch die coronabedingten Krisenzeiten. Er wendet sich dabei den Grundbausteinen des menschlichen Seins und gesellschaftlichen Zusammenhalts zu: Religion, Kunst und Kultur, aber auch persönliche Achtsamkeit sowie die Annahme neuer Perspektiven und Normalitäten. Seine Briefe erlangen dadurch über die Grenzen des Rotary Clubs hinaus Relevanz und sind ein Hoffnungsschimmer in Zeiten globaler Herausforderungen. Kunstvoll in Szene gesetzt werden die Briefe von den eindrücklichen Zeichnungen der zeichnerischen Mutter des »Pumuckls«, Barbara von Johnson, die mit ihrer visuellen Aufarbeitung der Corona-Situation die Kunst als einen essenziellen Teil der Krisenbewältigung stilisiert.

Alexander P. F. Ehlers setzt mit seinen Briefen ein Zeichen für Entschleunigung und Achtsamkeit in einer schnelllebigen, von zahlreichen Unsicherheiten erschütterten Zeit. Aber vor allem setzt er ein Zeichen für Freundschaft und Zusammenhalt in Krisenzeiten – und das weit über die Corona-Thematik hinaus.

Alexander P. F. Ehlers, Prof. Dr. iur. Dr. med., geboren 1955 in Berlin, studierte in Düsseldorf, Heidelberg und München Medizin sowie Rechtswissenschaften. Er promovierte in beiden Disziplinen und war lange Jahre sowohl als Mediziner als auch als Jurist tätig. Er ist Honorarprofessor für Medizinrecht an der EBS Universität Oestrich-Winkel und veröffentlichte zahlreiche Fachaufsätze und -bücher.
In seiner Funktion als Vortragswart des Rotary Clubs München gab er bereits die Vorträge der Rotary-Jahre 2015 bis 2018 heraus. Alexander P. F. Ehlers lebt und arbeitet in München.

ALEXANDER P. F. EHLERS

In den Zeiten der Corona-Pandemie

Briefe!

Allitera Verlag

Originalausgabe Oktober 2020
Allitera Verlag
Ein Verlag der Buch&media GmbH München
© 2020 Buch&media GmbH München
© 2020 Alexander P. F. Ehlers
Layout, Satz und Umschlaggestaltung: Johanna Conrad
Gesetzt aus der Adobe Garamond Pro
Printed in Europe · ISBN 978-3-96233-243-3

Allitera Verlag
Merianstraße 24 · 80637 München
Fon 089 13 92 90 46 · Fax 089 13 92 90 65

Weitere Publikationen aus unserem Programm finden Sie auf www.allitera.de
Kontakt und Bestellungen unter info@allitera.de

*Meinem Sohn Frederik,
dessen Zukunft von einer »neuen«
und vielleicht noch besseren Normalität
geprägt werden wird.*

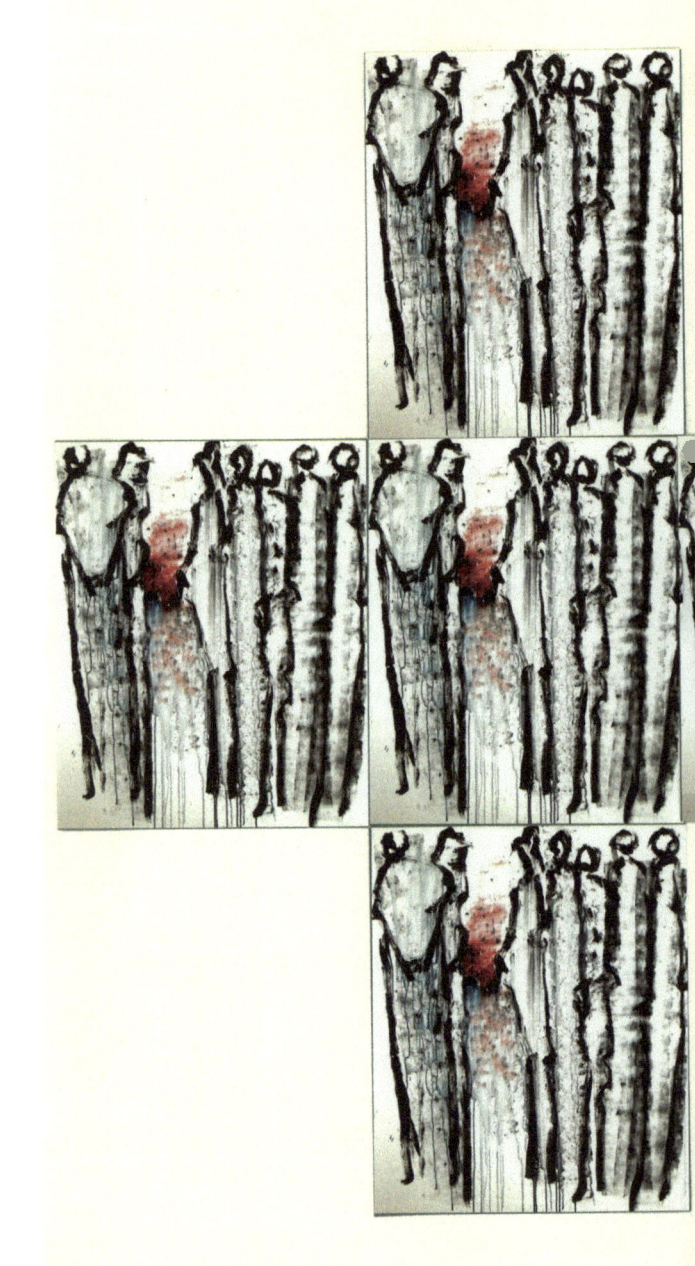

Inhalt

Geleitwort Hans-Jürgen Möller 11
Vorwort Alexander P.F. Ehlers 18
Zur Künstlerin Barbara von Johnson 20

1. Präsidentenbrief: Zusammenhalt 21
2. Präsidentenbrief: Perspektivwechsel 27
3. Präsidentenbrief: Resilienz 35
4. Präsidentenbrief: Das Osterfest 43
5. Präsidentenbrief: Hoffnung 51
6. Präsidentenbrief: Abgeschiedenheit 59
7. Präsidentenbrief: Humor 67
8. Präsidentenbrief: Reisen 75
9. Präsidentenbrief: Kochkunst 83
10. Präsidentenbrief: Laufen 91
11. Präsidentenbrief: Muße 99
12. Präsidentenbrief: Neue Normalität 107
13. Präsidentenbrief: Kunst 117
14. Präsidentenbrief: Fake News 129
Beitrag und Anmerkungen: Gemeinschaft 141
15. Präsidentenbrief: Freundschaft 151

Geleitwort

Die im Frühjahr 2020 völlig überraschend aufgetretene Coronavirus-Pandemie hat in aller Welt eine Dimension existenzieller Bedrohung und menschlicher Not in Erscheinung treten lassen, die bis dahin unvorstellbar war. Seuchen schienen vorher als etwas, was es zwar in der Vergangenheit gegeben hatte – jeder denkt dabei insbesondere an die große, 25 Millionen Todesopfer fordernde Pest in Europa im 14. Jahrhundert –, was aber im 21. Jahrhundert dank guter Ernährung, Hygiene und Medizin zumindest in den Ländern der Industrienationen keine Gefahr mehr darstellen sollte.

Die Coronavirus-Pandemie mit ihren rasant ansteigenden Infektions- und Todeszahlen hat selbst in Deutschland mit seinem guten medizinischen und sozialen Versorgungssystem Überraschung und Entsetzen ausgelöst und u. a. die Kapazität der medizinischen Versorgung an ihre Grenzen geführt. Apokalyptische Bilder wurden in den Medien vermittelt, z. B. von den völlig überfüllten Intensivstationen sowie den weitgehend fehlenden Beatmungsmöglichkeiten in Norditalien, von den Tausenden und Abertausenden Toten in New York, die wegen unzureichender Beerdigungskapazitäten zunächst, von Gabelstaplern hochgehievt, in Kühl-Lastwagen gelagert werden mussten. Die Bilder vom Totentanz, seit der Pestepidemien ein besonders häufig künstlerisch bearbeiteter Topos, wurde wieder zu einer bedrängenden Vision.

Die zunächst ganz im Vordergrund der Berichterstattung stehenden Bilder aus dem medizinischen Bereich wurden dann allmählich immer mehr ergänzt durch Berichte über die extremen ökonomischen und finanziellen Folgen, über die großen Zukunftsängste und psychischen Nöte der durch den verordneten »Lockdown« und die soziale Restriktion isolierten und verunsicherten Menschen usw. Die Passion Christi, der die Christen in der Woche vor Ostern gedenken, und die Auferstehung Christi, die der Glaubensinhalt des christlichen Osterfestes ist, bekamen in diesem Kontext einer besonders leidvollen und angsterfüllten »conditio humana«, die den Menschen unerwarteterweise die Begrenztheit der eigenen Möglichkeiten und das Ausgeliefertsein an fremde Mächte (Viren) vor Augen führte, eine besondere Bedeutung.

Die Coronavirus-Pandemie hat unseren Präsidenten Alexander Ehlers in seiner Amtszeit besonders getroffen. Viele mit Sorgfalt lange vorbereiteten Projekte mussten abgesagt oder verschoben werden. Ganz besonders denke ich dabei an die Moskau Reisen. Auch die wöchentlichen Meetings waren nicht mehr durchführbar, jedenfalls nicht als Präsenzveranstaltung. Mit Hilfe unseres Medien-Beauftragten Michael Kozikowski gelang es unserem Präsidenten, die wöchentlichen Meetings als Videokonferenzen zu organisieren, sodass die Mitglieder auf diese Weise ihren Zusammenhalt erleben konnten. Eine besondere Überraschung waren dann aber die wöchentlichen Corona-Pandemie-Briefe, mit denen er alle Mitglieder des RCM erreichen konnte, um Nähe, Trost und Freude zu schenken. Sie wurden in ihrer wöchentlichen Regelmäßigkeit schnell zu einer mit Dankbarkeit aufgenommenen Institution in dieser Krisenzeit.

Diese Briefe kamen zunächst überraschend, entwickelten sich dann aber in ihrer wöchentlichen Erscheinungsfolge sehr schnell zu einem von den rotarischen Freunden mit Spannung und Vorfreude erwarteten Dokument rotarischer Verbundenheit und geistiger Anregung in der Krisenzeit. Jeder dieser Briefe ist inhaltlich so bedeutsam und in allen Details so gut vorbereitet, dass jeder für sich ein geistiger Schatz, eine »trovaille«, ist. Es war deshalb naheliegend, sie zusammengefasst in einem schön gestalteten Bändchen vorzulegen, damit sie auch jenseits der Corona-Epidemie ihre allgemeingültige Bedeutung im Sinne geistiger Anregungen zu diesem oder jenem Thema sowie allgemeinen Aspekten der Lebensführung und des Lebenssinns behalten. Früher nannte man ein solches Bändchen ein »Vademecum«, ein Büchlein, das als geistiger Begleiter dient. Nachdem nun auch banale Dinge wie Mundwässer u. ä. so benannt worden sind, ist dieser Begriff leider entwertet worden und wohl nicht mehr so passend.

Briefe haben einen lange Tradition. Sie lassen sich verschiedenen Intentionen zuordnen. Neben den alltäglichen Mitteilungsbriefen im engeren Sinn Liebesbriefe, Lehrbriefe, poetische Briefe u. a., jede Gattung mit eigener Form und eigenem Sprachstil. Ohne dies im Einzelnen darzustellen, seien ein paar Beispiele genannt. Bekannt, besonders in der Christenheit, sind die Briefe des Apostels Paulus. Er wollte mit diesen lehrhaften Pastoral-Briefen die damals weit verstreuten Gemeinden der frühen Christenheit erreichen und ihnen die Botschaft des Glaubens bringen. Lehrbriefe, allerdings im philosophischen Sinne, sind auch die »epistulae morales ad Lucilium«, in denen der römische Dichter und Philosoph Seneca ca. 62 n. Chr. seinem Bekannten Lucilius Ratschläge gab, sein Leben sinnvoll im Sinne der stoischen Philosophie zu gestalten. Aus der römischen Antike sind außerdem die 900 Briefe Ciceros bekannt – insbesondere die Briefe an seinen Freund Atticus und die Briefe an seine Freunde –, die neben persönlichen auch philosophisch-weltanschauliche Inhalte haben und die Entwicklung der europäischen Briefform maßgeblich beeinflussten. »Episteln« wurden auch als poetische Gattung entwickelt, bekannt in der lateinischen Literatur als Vers-Episteln, z. B. die »epistolae« des Horaz. All diese Beispiele zeigen die Vielfältigkeit und den gehobenen Stellenwert, den die Briefform bereits damals entwickelte.

Neben den zu verschiedenen Anlässen geschriebenen Einzelbriefen entwickelte sich auch die literarische Form des Briefromans, der aus einer großen Zahl von größtenteils fiktionalen Briefen eines Einzelnen, eines Paares oder einer Gruppe von Menschen besteht. Berühmte Beispiele sind »Die Leiden des jungen Werther« (J. W. von Goethe, 1774) oder »Gefährliche Liebschaften« (P. A. F. Choderlos de Laclos, 1782). Beide Romane repräsentieren inhaltlich das Spektrum der Liebesbriefe / erotischen Briefe auf literarischem Höchstniveau.

Aus dieser sehr beschränkten Auswahl ist bereits erkennbar, dass Briefe über die Jahrhunderte etwas ganz besonders Faszinierendes hatten in einer Zeit, in der diese Form der Kommunikation häufig für viele die einzig mögliche Kommunikation war, da es unsere modernen elektronischen Kommunikationsmittel nicht gab. Die gehaltvollen und formal ansprechenden Briefe von Präsident Ehlers zeigen aber, dass selbst in heutiger Zeit mit all der schnellen, geschäftigen und oft geschwätzigen Kommunikation, zu der gerade die elektronischen Medien verleiten können, ein gehaltvoller, gut konzipierter und gut durchdachter Brief noch seinen bedeutenden Stellenwert hat.

Keine Briefe, aber doch mit der Briefform in ihrer Kürze vergleichbar, sind die »Pensées« von Blaise Pascal (1623–1662), die aufgrund seines zu frühen Todes von ihm nur als Zettelbündel (1000 Zettel in rund 60 Bündeln) hinterlassen wurden und erst durch aufwändige spätere editorische Arbeit in verschiedenen Versionen in Buchform erscheinen konnten. Es handelt sich um einen der meistgelesenen philosophischen bzw. theologischen Texte der europäischen Geistesgeschichte. Gewissermaßen eine Analogie dazu, wenn auch mit ganz anderer inhaltlicher Orientierung sind die »Essais« von Michel de Montaigne (1533–1592), in denen er u. a. Gedanken der Stoa und der Epikureer und vieles sonstiges Wissenswertes aus anderen Bereichen in ansprechender sprachlicher Weise vermittelte. Beide Werke beweisen – und nur deshalb erwähne ich sie in diesem Kontext –, dass es möglich ist, in relativ kurzer Form, darin ähnlich der Briefform, wichtige Gedanken prägnant und informationsreich zu vermitteln.

Die in diesem Buch gesammelten Corona-Pandemie-Briefe des Präsidenten des Rotary Club München (RCM), Alexanders Ehlers, sind weit mehr als Mitteilungen zu alltäglichen Dingen, eine Funktion, die sie überhaupt nicht erfüllen. Sie sind anspruchsvolle kulturelle Gebilde mit hohem Anspruch an die vermittelten geistigen Inhalte. Das wird bereits in der Gesamtstruktur erkennbar: ein Brief beginnt jedes Mal mit ein oder mehreren schwergewichtigen Zitaten, die das Spektrum der Thematik anzeigen. Nach der essayistischen Ausarbeitung der zentralen Thematik stehen dann am Ende wertvolle Literaturhinweise direkt zum Thema oder darüber hinausführend. Besonders attraktiv sind auch die jeweils angeführten Informationen über Opern-Aufführungen der MET im Livestream u. ä. Alexander Ehlers hat eine spezielle Kunstform für seine Präsidenten-Briefe gefunden, die den Leser von Anfang an einnimmt.

Der Band vereinigt eine Sammlung wichtiger, tiefgehender Gedanken in ansprechender Form und mit vielen Zitaten und weiterführenden Literatur-Hinweisen. Sie stellen dar, welche geistig-kulturellen Inhalte aus Sicht des Präsidenten – und wohl auch für viele Freunde aus unserem Rotary Club und darüber hinaus – in dieser Krisenzeit sinnvoll und hilfreich sind. Sie sind zum Teil verbunden mit autobiografischen Hinweisen, u. a. zum russischen Familien-Umfeld, damit passend zum Generalthema dieses rotarischen Jahres und gleichzeitig in dieser persönlichen familiengeschichtlichen Assoziation den Briefen eine besonders liebenswürdige persönliche Note gebend.

Alle Briefe sind anregend geschrieben, jeder für sich ein kleines Meisterwerk. Die gewählten Themen umfassen u. a. die Lebenskunst im Sinne des »Carpe diem«, die Bedeutsamkeit des Reisens als Erlebens- und Bildungsform, das Osterfest in seiner christlichen und sonstigen Bedeutung, Kunst und Leben in seinem wechselseitigen Bezug, den Unterschied zwischen reicher Muße und eintöniger Langeweile, Aspekte und Fragen zum Sinn des Lebens, die Kochkunst als feinsinniger Lebensgenuss, das Laufen als Bereicherung des Lebens unter vielen Aspekten, Humor als Resilienz-Hilfe, die Bedeutung von Glaube und Religion für das Leben sowie die jeweilige Wertigkeit von Einsamkeit einerseits und verschiedenen sozialen Beziehungen andererseits. Der letzte Brief, der 15., widmet sich dem Thema »Freunde«, wie passend für unsere Rotary-Gemeinschaft von Freunden.

Das Buch ist eine »Fundgrube«, ein »Schatzkästlein«, früher nannte man so etwas auch eine »geistige Hausapotheke«. Diese und andere Namen waren gebräuchlich für etwas, zu dem man gern immer wieder greift und das ein häufiger / ständiger Begleiter und Helfer in vielen Lebenssituationen, wie u. a. der belastenden Corona-Epidemie Situation, sein kann.

Die Verbindung mit den eindrucksvollen Zeichnungen aus dem Skizzenbuch »Mein persönliches CORONA Märchen« der Künstlerin Barbara von Johnson lässt Assoziationen aufkommen zu der existenziellen Situation, aus der heraus die Briefe geschrieben wurden. Dies allerdings, im Gegensatz zur ursprünglich auch angedachten Illustration mit historischen Stichen zur Totentanz-Thematik, eher im Sinne eines heiteren Kontrapunkts zu aufkommenden düsteren Stimmungen. Die Leichtigkeit, Zartheit, Farbigkeit und der hintergründige Humor der Zeichnungen tragen zu diesem Effekt bei. Die faszinierenden Zeichnungen machen den auch sonst so ansprechend gestalteten Band zu einer hochwertigen Preziose.

Das Buch fügt sich – wenn auch einer anderen Kategorie (Briefe) zugehörig – gut ein in die sehr umfangreiche in Epidemie-Zeiten entstandene oder Epidemien zum Gegenstand habende Romanliteratur. Die Romane oder Erzählungen aus verschiedenen Jahrhunderten beschreiben die vielfältigen Veränderungen und Bedrohungen des Lebens zur Zeit der Pest, Cholera oder anderer Epidemien oder aber die Flucht vor der Epidemie und ihren seelischen Belastungen in eine andere, geistige

Welt. Von den vielen eindrucksvollen Werken dieser Art ist sicherlich das »Dekameron«, eine Sammlung von 100 Novellen von Giovanni Boccaccio, entstanden um 1350, das die Pestzeit in Florenz von 1348 als Anlass hat, das bekannteste. Die detaillierte Beschreibung der Pest als Rahmenhandlung steht in scharfem Kontrast zur perfekten und schönen Welt, die die zehn Erzähler/innen aus höheren sozialen Schichten in einem ländlichen Zufluchtsort (Fiesole bei Florenz) in ihren zauberhaft erzählten, zu einem Großteil erotischen Geschichten erschaffen. In der Erzählung von Edgar Allan Poe »Die Maske des Roten Todes«, publiziert 1842, werden die körperlichen Symptome der Pest in erschreckender Weise geschildert. Ganz im Gegensatz zu den Protagonisten im »Dekameron« (übersetzt »Zehn-Tage-Werk«) gibt es kein Entrinnen vor der Pest. Die von einem Prinzen Eingeladenen feiern in einer Abtei und werden dort von der fürchterlichen Seuche erwischt und sterben daran. In der Erzählung »Tod in Venedig« von Thomas Mann, publiziert 1911, spielt die Cholera als Hintergrundgeschichte eine Rolle. Eine moderne Assoziation, auch im Hinblick auf die Coronavirus-Pandemie, bekommt die Erzählung durch die Andeutungen auf Verharmlosung und Geheimhaltung der Seuche von Seiten der Behörden, Hoteliers u. a. Trotz aller Hinweise bleibt der Protagonist in Venedig und erliegt dort der Cholera. Jack London lässt in »Die Scharlachpest«, 1912, seine Protagonisten in einer Welt spielen, in der die Bevölkerung von einer unheimlichen und schnell tödlichen Seuche hingerafft wird. Die Schwerpunkte der Erzählung liegen einerseits in der Darstellung der Entwicklung der Pandemie, andererseits in der Beschreibung einer dadurch komplett veränderten Welt. Der Trivial-Literatur zugehörig, aber besonders eindrucksvoll, ist der Horror-Roman von Stephen King aus dem Jahre 1978 »Das letzte Gefecht«. Es handelt sich um eine post-apokalyptische Vision des Kampfes zwischen Gut und Böse in den USA, nachdem ein mutiertes Grippevirus aus einem Militärlabor die Menschheit fast komplett vernichtet hat.

Diese Werke beschreiben größtenteils verschiedene Details der jeweiligen Epidemie, u. a. anfängliche Verharmlosung, Indikatoren der Krankheit, allmähliches Erkennen der tödlichen Gefahr und existenzielle Angst. Das »Dekameron« bildet eine Ausnahme, da im Vordergrund die anmutigen, unterhaltsamen und kurzweiligen Erzählungen stehen. In ihrer heiteren Grunddisposition konnten/sollten sie die psychische Situation der vor der Pest auf einen Landsitz Geflüchteten verbessern. In der Intention hiermit vergleichbar sind die wohldurchdachten Briefe unseres Präsidenten, die größtenteils die Besinnung auf den wahren Lebenssinn und die geistig-kulturelle Förderung der Lebensqualität zum Gegenstand haben.

In diesem Sinn kann man die Briefe unseres Präsidenten Alexander Ehlers, hier als eine Sammlung von 15 Briefen, als Mittel zur Förderung der Resilienz im allgemeinsten Sinne ansehen. Möge die wertvolle Briefsammlung in diesem Sinne von vielen mit Freude und Gewinn gelesen werden und zur Resilienz in dieser und allen möglichen weiteren Krisenzeiten beitragen!

Prof. Dr. Dr. hc. mult. Hans-Jürgen Möller
(Präsident des RCM 2017/18)

Vorwort

Briefe – wer schreibt heute noch Briefe? In einer Zeit der schnellen und digitalen Kommunikation über WhatsApp, SMS und Social Media? Und wozu überhaupt?

Bis zum Weihnachtsfest im Jahr 2019 ahnten wir noch nicht, welches Leid ein kurz vorher in Wuhan/China erstmals aufgetretenes neues Virus SARS-CoV-2 über die Menschen und die ganze Welt bringen würde. Ein Virus, das in kürzester Zeit zu einer weltweiten Pandemie mit Millionen Infizierten und Hunderttausenden von Toten führte.

Zwischen dem ersten Krankheitsfall am 24. Februar 2020 in Frankreich und den Shutdown- resp. Lockdown-Maßnahmen in ganz Europa vergingen nur wenige Wochen. Das öffentliche Leben kam nahezu vollständig zum Erliegen. Wir wurden mit Hamsterkäufen, geschlossenen Geschäften, Gastronomiebetrieben, Theatern, Opernhäusern, Schulen, Kindergärten und Kinderspielplätzen konfrontiert. Die sozialen Kontakte waren im Wesentlichen auf die zusammenlebenden »Kernfamilien« beschränkt, die Arbeit fand im Home-Office statt.

Es traf auch alle Rotary Clubs. Der Rotary Club München, dessen Präsident ich im rotarischen Jahr 2019/20 war, musste sein wöchentliches Meeting erstmals am 17. März aussetzen. Ohne Digitalisierung und moderne Informations- und Kommunikationstechnologien wäre ein Kontakt untereinander nicht möglich gewesen. Nähe, Emotion und Freundschaft hätten an der eigenen Haustür Halt machen müssen. Online-Meetings und Web-Conferencing waren die Lösung, das Geschäftsleben einerseits und die Kommunikation im privaten Bereich andererseits aufrechtzuerhalten.

Aber nicht alle konnten und können mit dem Einstieg in die digitale Welt Schritt halten. Die Herausforderungen durch die SARS-CoV-2-Pandemie, die verhängten Maßnahmen und die Eingriffe in unser Leben und unser Lebensgefühl, verbunden mit einem »Informationstsunami« und den schrecklichen Bildern aus Italien ließen Isolation und Vereinsamung befürchten. Um Resilienz und Freundschaft zu stärken, begann ich, wöchentlich Briefe an die Freunde zu schreiben. 15 Briefe* sind es geworden, mit denen ich eine Hilfestellung geben wollte, in diesen durch Einsamkeit und Abgeschlossenheit geprägten Zeiten Orientierung, Optimismus, Lebenswillen und -freude zu erhalten.

Vielleicht können diese in einer besonderen Situation geschriebenen Briefe dem Leser auch in einer anderen Zeit und an einem anderen Ort Stütze sein. Auf jeden Fall werden sie an einen Lebensabschnitt erinnern, den unsere Generation so nicht erwartet hatte.

Die Illustrationen der Briefe stammen aus dem »bildnerischen Corona-Tagebuch« der Münchner Künstlerin Barbara von Johnson, gleichzeitig »zeichnerische Mutter« des Pumuckls. Ein besonderer Dank gilt meiner Freundin Barbara von Johnson, denn durch ihre Zeichnungen erhalten die Briefe darüberhinausgehende Pointierung.

Danken möchte ich auch meinen rotarischen Freunden und pars pro toto Freund Hans-Jürgen Möller für das Geleitwort und die Idee, diese Briefe zu veröffentlichen. Ein ebensolcher Dank gilt meinem Bruder Nikolai Ehlers, meiner Mutter Waltraud Robke-van Gerfsheim, Katerina Martin und meiner Assistentin Tetyana Pavlishevska für steten Dialog über die Inhalte der Briefe, Korrektur und Verbesserung.

Prof. Dr. Dr. Alexander P. F. Ehlers
München, im September 2020

* Die Briefe enthalten Zitate, die nicht in üblicher Weise mit Literaturhinweisen versehen sind. Die Zitierten mögen Verständnis dafür haben, da es sich ursprünglich um Briefe an die rotarischen Freunde des Rotary Clubs München handelte.

Zur Künstlerin

BARBARA VON JOHNSON

Die Illustratorin und Malerin Barbara von Johnson wurde 1942 in München geboren. Dort lebt und arbeitet sie in ihrem Haus in Schwabing. Schon mit 17 Jahren trieb die Neugier sie hinaus – sie wurde Schülerin von Oskar Kokoschka (Akt- und Aquarellmalerei), Günther Schneider-Siemssen (Bühnenbild) und Jonny Friedlaender (Radierung) an der Internationalen Sommerakademie für Bildende Kunst Salzburg.

Als Studentin an der Akademie für das Grafische Gewerbe München gewann Barbara von Johnson 1963 den von der Autorin Ellis Kaut ausgeschriebenen Wettbewerb zur Visualisierung des Pumuckl. In den darauffolgenden Jahren illustrierte sie zehn Pumuckl-Bücher sowie 39 Plattenhüllen für die Pumuckl-Hörspiele.

Sie arbeitete viele Jahre als freie Grafikerin und Illustratorin für Kinder- und Schulbücher. Im Jahre 1988 absolvierte Barbara von Johnson eine Ausbildung zur Kunsttherapeutin im A. K. T. München und leitet seitdem Seminare und Malgruppen für Frauen und Kinder.

Seit 2005 ist die Künstlerin Kuratoriumsmitglied der Paul Nikolai Ehlers-Stiftung. Im Jahre 2015 wurde Barbara von Johnson das Bundesverdienstkreuz der Bundesrepublik Deutschland (Verdienstkreuz am Bande) in Würdigung ihres künstlerischen und sozialen Wirkens verliehen. 2017 kehrte sie zu ihren Wurzeln und Pumuckl zu seiner »optischen Mutter« zurück – so illustrierte Barbara von Johnson vier neue Bücher mit dem frechen, kleinen Kobold für den KOSMOS-Verlag.

Die künstlerischen Betätigungsfelder von Barbara von Johnson sind vielfältig: Zeichnungen, Collagen, Objekte, Materialbilder, Fotokunst und Malerei sind in diversen Ausstellungen zu sehen.

17. März 2020

1. Präsidentenbrief während der coronabedingten Schließung des RC München

»Zusammenhalt«

> *»Wir hoffen immer, und in allen Dingen.*
> *Ist besser hoffen als verzweifeln.«*
> *(Antonio in Goethe, Torquato Tasso 3,4)*

Liebe rotarische Freunde,

heute fällt unser Meeting, auf das wir uns stets so freuen, zum ersten Mal wegen der Corona-Krise aus. Eine Entscheidung, die sich der Vorstand nicht leichtgemacht hat. Dennoch war diese Maßnahme alternativlos.

Eine solche Herausforderung durch eine Pandemie gab es bisher in unserer Lebenszeit nicht. Die bereits verhängten Maßnahmen und die vielleicht auf uns zukommenden greifen weit in unser Leben und in unser Lebensgefühl ein. Aber wir müssen durch diese schwierigen Zeiten hindurch und dies in der Hoffnung, dass die Maßnahmen schnell greifen. Und deswegen habe ich das Zitat aus Torquato Tasso an den Anfang gestellt.

Ich hätte auch auf die gesammelten Vorträge des rotarischen Jahres 2015/16 verweisen können. Sie werden sich an das Generalthema »Nah ist und schwer zu fassen der Gott. Wo aber Gefahr ist, wächst das Rettende auch« aus Friedrich Hölderlins 1803 vollendeter Hymne »Patmos« erinnern. So schrieb ich damals im Vorwort: »Unabhängig von der Interpretation ergibt sich hieraus eine Volksweisheit, die sprichwörtlich geworden ist: ›Wo (auch: wenn) die Not am Größten ist, (die) Hilf am Nächsten‹.«

Ich möchte Ihnen einmal pro Woche einen Brief schreiben, solange wir unsere rotarische Freundschaft nicht in dem so lieb gewonnenen Meeting pflegen können. Gerne nehme ich zukünftig in diesem Brief auch Anregungen von Ihnen auf und verbreite sie unter den Freunden. Außerdem möchte ich Ihnen stets eine Buchempfehlung geben, die vielleicht in dieser Zeit, wo viele Dinge wie Theater- und Opernbesuche, das Treffen mit Freunden im Restaurant nicht möglich sind, hilfreich ist. Diese Empfehlung wird immer am Ende zu finden sein.

Darüber hinaus eruieren unser Vorstandsmitglied Michael Kozikowski und ein Freund aus dem Rotary Club München-Mitte, welche Möglichkeiten existieren, bei Einsatz der neuen digitalen Medien ein virtuelles Meeting aufzusetzen. Wir werden Ihnen hierüber so bald wie möglich berichten.

Unsere Reise ins politische Berlin vom 12. bis 14. März war trotz der kleinen Teilnehmerzahl eine spannende Reise mit »neuen Erkenntnissen und Horizonterweiterungen«. Nach einem gemeinsamen Mittagessen besuchten wir den Gemeinsamen Bundesausschuss, das höchste Beschlussgremium der gemeinsamen Selbstverwaltung im deutschen Gesundheitswesen. Es bestimmt in Form von Richtlinien, welche medizinischen Leistungen die ca. 73 Mio. Versicherten beanspruchen können. Der neutrale Vorsitzende, Prof. Hecken, gab uns einen exzellenten Einblick in die Arbeit dieses Beschlussgremiums und schenkte uns mehr als zweieinhalb Stunden seiner Zeit. Die Präsentation finden Sie als Anhang. Am Nachmittag besuchten die rotarischen Freunde das Denkmal für die ermordeten Juden Europas.

Das Abendessen fand im »politischen Italiener« Il Punto statt, in dem schon viele Koalitionsverträge verhandelt oder gefeiert wurden.

Da der Besuch des Reichstags und das Gespräch mit Michael Hennrich, MdB, stellv. gesundheitspolitischer Sprecher der CDU/CSU-Fraktion, ebenfalls aus Corona-Gründen abgesagt werden mussten, trafen sich die Freunde zum Besuch der Ausstellung »Wilhelm und Alexander von Humboldt«, die deutlich machte, welche Bedeutung diese beiden Brüder auch noch für uns haben. Viel zu schnell waren diese schönen Stunden in Berlin vorbei.

Ein herzliches Dankeschön in diesem Zusammenhang nochmals allen Teilnehmern und insbesondere Freund Martin von Art & Culture Travels, der diese Reise so vortrefflich organisiert hatte.

Leider wird die erste Reise nach Moskau definitiv storniert werden müssen. Freund Martin wird die Teilnehmer mit einem Schreiben über die Situation informieren.

Sollte, und das hoffen wir sehr, die Reise im Mai möglich sein, werden wir auf jeden Fall anbieten, dass alle Teilnehmer der April-Reise auch noch im Mai mitfahren können.

Auch wenn diese Zeiten besonders schwer sind, gerade auch für unsere älteren Freunde, die sich ganz besonders schützen müssen und damit in ihrer Bewegungsfreiheit doch deutlich eingeschränkt sind: Aber wir dürfen die Hoffnung nicht aufgeben, sollten optimistisch in die Zukunft schauen und ohne Panik und Hysterie die notwendigen Maßnahmen ergreifen. Ich bin sicher, dass wir das gemeinsam schaffen werden. Ich vertraue auf die Entscheidungen unserer Regierenden.

Nochmals möchte ich an dieser Stelle betonen, dass ich Ihnen jederzeit für ein Gespräch zur Verfügung stehe. Dies gilt selbstverständlich auch für unseren Sozialbeauftragten, Freund Möller. Die Telefonnummern sind Ihnen bekannt.

Nun wünsche ich Ihnen alles Gute, Vertrauen und Hoffnung und vor allen Dingen Gesundheit.

Mit herzlichen rotarischen Grüßen

Alexander Ehlers

Alexander P. F. Ehlers
Präsident

Buchempfehlung
»Amor Towels: Ein Gentleman in Moskau«
Ullstein, 4. Auflage 2019

Moskau, 1922.
»Der genussfreudige Lebemann Graf Rostov wird verhaftet und zu lebenslangem Hausarrest verurteilt, ausgerechnet im Hotel Metropol, dem ersten Haus am Platz. Er muss alle bisher genossenen Privilegien aufgeben und eine Arbeit als Hilfskellner annehmen. Rostov mit seinen 30 Jahren ist ein äußerst liebenswürdiger, immer optimistischer Gentleman. Trotz seiner eingeschränkten Umstände lebt er ganz seine Überzeugung, dass selbst kleine gute Taten einer chaotischen Welt Sinn verleihen. Aber ihm bleibt nur der Blick aus dem Fenster, während draußen Russland stürmische Dekaden durchlebt. Seine Stunde kommt, als eine alte Freundin ihm ihre kleine Tochter anvertraut. Das Kind ändert Rostovs Leben von Grund auf. Für das Mädchen und sein Leben wächst der Graf über sich hinaus.«

24. März 2020

2. Präsidentenbrief

während der coronabedingten

Schließung des RC München

»**Perspektivwechsel**«

> *Die Zukunft hängt davon ab,*
> *was wir heute tun.*
> *(Mahatma Gandhi)*

Liebe rotarische Freunde,

wie bereits berichtet, hat der Vorstand in einer außerordentlichen Vorstandssitzung im Rahmen einer Telefonkonferenz beschlossen, erstmals ein Video-Meeting in dieser Woche zu testen. Der erste Versuch mit den Vorstandsmitgliedern am Freitag war erfolgversprechend.

Es wird sicherlich noch für eine gewisse Zeit für den einen oder anderen mit Schwierigkeiten verbunden sein, sich in dieses Video-Meeting einzuwählen. Wir werden aber alles tun, dass jeder unserer rotarischen Freunde, sofern gewünscht, die notwendige Unterstützung erhält. Frau Leutmayr, unser Beauftragter für Öffentlichkeitsarbeit, Freund Kozikowski, und ich stehen Ihnen jederzeit zur Verfügung. An dieser Stelle nochmals ein ganz herzliches Dankeschön an Frau Leutmayr und Freund Kozikowski für die ausgezeichnete Vorbereitung.

Sie müssen auch keine Bedenken haben, dass diese virtuellen Meetings eine Dauereinrichtung bleiben werden. Sobald die Situation es zulässt, werden wir uns wieder in gewohnter Weise am Dienstag zum Meeting im Hotel Vier Jahreszeiten treffen. Diese Kommunikationsmöglichkeit soll nur den Kontakt unter den Freunden während dieser herausfordernden Zeiten gewährleisten.

Ich möchte an dieser Stelle nicht über die weitere Entwicklung des Coronavirus sprechen. Die Daten und Fakten dürften Ihnen allen bekannt sein. Sollten Sie jedoch den Wunsch haben, mit mir hierüber zu sprechen, stehe ich Ihnen ebenfalls jederzeit zur Verfügung.

Zwischenzeitlich konnte ich mit S. E. Sergey Ganzha, Generalkonsul der Russischen Föderation, über unser geplantes Programm in Moskau sprechen. Er hat mir versichert, dass er es genauso wie wir bedauert, dass wir zurzeit nicht nach Moskau reisen können. Er wird alles tun, damit die geplanten Begegnungen doch noch irgendwann stattfinden können.

Besonders gefreut habe ich mich über eine E-Mail von Freund Hansen, die mich am vergangenen Samstag, den 21. März, erreichte. Er verwies auf einen Beitrag in der SZ mit der Empfehlung, sich durch Beschäftigung mit eigenen oder ernstzunehmenden Gedichten vom Unheil der Gegenwart abzulenken. Und das hat Freund Hansen getan. Sein Gedicht »In den Wind geschrieben« darf ich Ihnen mit seinem

Einverständnis als Anhang übersenden. Ein herzliches Dankeschön Ihnen, lieber Freund Hansen, dass Sie uns an Ihrer »persönlichen Reaktion aus der virusgeschädigten Mitgliederrunde« teilhaben lassen.

Bevor ich auf die Buchempfehlung von heute eingehe, möchte ich Ihnen noch eine kleine Geschichte meiner russischen Großmutter Zoë von Kowaljew erzählen.

Sie heiratete meinen Großvater, Dr. Herbert Ehlers, der als Landeshauptmann im Justizdienst des Zaren Nikolaus II. stand. Mein Großvater liebte das Leben, er feierte gern und spielte noch viel lieber Karten. Eines Nachts kam er spät in sein Haus zurück. Unsere Großmutter Zoë schlief bereits. Voller Verzweiflung weckte er sie und sprach »Zoë, wach auf, wach auf, es ist etwas Schreckliches passiert.« Mürrisch drehte sie sich um und fragte, was denn passiert sei. Seine Antwort: »Stell Dir vor, ich habe alles verspielt, wir haben nichts mehr.« Die kurze und prägnante Antwort meiner Großmutter, während sie sich erneut umdrehte, war: »Und deswegen weckst Du mich?« Es ist also alles eine Frage der Perspektive.

In diesem Sinne wünsche ich Ihnen eine angenehme Woche, bleiben Sie gesund,

mit herzlichen rotarischen Grüßen

Alexander P. F. Ehlers
Präsident

Buchempfehlung
Jan Brokken
»Sibirische Sommer mit Dostojewski: Roman einer Freundschaft«

Bei meiner Buchempfehlung im 2. Präsidentenbrief handelt es sich ebenfalls um ein Werk, das zu unserem Generalthema passt.
»Alexander Wrangel, ein estnischer Baron, ist vor allem in die (Literatur-)Geschichte eingegangen, als der Mann, der den großen Dostojewski förderte und zum erfolgreichen Autor werden ließ. Jan Brokken gehört zur ersten Garde niederländischer Schriftsteller. In seinem neuesten Roman setzt er der Männerfreundschaft zwischen Wrangel und Dostojewski ein literarisches Denkmal. Er beschreibt aus der Perspektive Wrangels, wie beide sich 1849 kennenlernen, als der junge Autor nach Sibirien verbannt wird. Dort treffen sich beide wieder und schließen Freundschaft. Wrangel unterstützt Dostojewski finanziell und durch seine Beziehungen. Beide wohnen im selben Haus und führen lange Diskussionen um Literatur und das Leben. Schließlich gewinnt Wrangel den juristischen Kampf um die Begnadigung Dostojewskis. Doch dieser dankt es ihm am Ende nicht, als Wrangel selbst in finanzielle Not gerät und ihm Dostojewski, längst berühmt geworden, seine Hilfe versagt. – Eine ebenso farbig wie spannend geschriebene, gut recherchierte Romanbiographie. Echt lesenswert.«

Montagskonzert der Bayerischen Staatsoper
Des Weiteren möchte ich auf die neuen live-gestreamten Montagskonzerte der bayerischen Staatsoper hinweisen (https://www.staatsoper.de/).

IN DEN WIND GESCHRIEBEN
(Beim Lesen alter Briefe)
Wenn einer, der nach Jahren
nun lebens- und berufserfahren,
an Hand der Briefe, die geschrieben,
sich fragt, wo ist die Zeit geblieben ...
als viele Nebensächlichkeiten
ihm wichtig waren auszubreiten,
er stark und frei sich wähnte,
vergessend all die Tage bis Jahrzehnte,
als er vom Hunger stillen schrieb,
was er dann dachte, was ihn trieb,
wie er die Welt verbessern würde

wenn er es könnte, ihn die Bürde
von Examen so beschäftigt,
er sich dann wissenschaftlich kräftigt,
und ihn doch das andere Geschlecht
so anzog, wie bezecht
er seitenweise räsoniert,
als ob Gewaltiges nur ihm passiert,
bis endlich sie sich ausgewählt
und lebenslang auch noch vermählt,
als dann die Kinderlein im Reigen
den Eltern, wo es lang ging, zeigen,
er sich durch des Berufes Zwänge
quälte, dass es ihm gelänge
was er zum Ziele sich gesetzt -
es auch erreicht zu guter Letzt ...

So fragt er sich beim wiederlesen,
ist alles wirklich so gewesen?!
Bei all dem menschlichen Getriebe
mit Freund und Feind, und doch mit Liebe,
so kommt ihm Stück für Stück
die einst erlebte Erinnerung zurück.
Er sinnt und blickt in seinen Garten,
was kann er Neues noch erwarten?
Unendlich scheint die Zahl der Leute,
die er gekannt, vergessen heute,
wie im Beruf, so im privaten Kreis,
kaum nun die Namen er noch weiß!

Wie gut, die Hand voll Freunde sind geblieben –
der Rest sei in den Wind geschrieben.
Wolfgang Hansen

30. März 2020

3. Präsidentenbrief

während der coronabedingten

Schließung des RC München

»Resilienz«

> *»Auch wenn ich wüßte,*
> *dass morgen die Welt zugrunde geht,*
> *würde ich heute noch einen Apfelbaum pflanzen.«*
> *(Martin Luther)*

Liebe rotarische Freunde,

während ich diesen Brief schreibe, sehe ich aus dem Fenster. Das Frühjahr eilt mit großen Schritten heran, überall beginnt es zu grünen und zu blühen. Ein Rotkehlchenpärchen umfliegt sich – auf der Balz.
Die Natur nimmt nichts wahr von dem Kampf, den wir Menschen gegen das Coronavirus führen. Diese Krise und die damit verbundenen Herausforderungen scheinen aber unsere Wahrnehmung zu verändern. Wir beginnen das, was um uns herum ist, mit mehr Intensität und Achtsamkeit zu betrachten. Und darin liegt vielleicht eine Chance. So hilft uns das Virus zu erkennen, dass wir alle ein Teil eines »globalen Dorfes« und allein in der Gemeinsamkeit stark sind. Neuorientierung und Fokussierung auf das wirklich Wichtige werden denkbar.
Der oben zitierte und Luther zugesprochene Spruch reiht sich insofern gut in den Gedankengang ein.
Eine weitere Woche der Ausgehbeschränkungen liegt hinter uns. Langsam finden sich die meisten von uns in den neuen Lebens- und Arbeitsrhythmus ein. Unser virtuelles Meeting, zu dem sich hoffentlich immer mehr unserer rotarischen Freunde einwählen, gehört dazu. Mit unserem Vortragswart, Freund Kranzlmüller, haben wir die Planung aktualisiert. Ich freue mich auf die nächsten Vorträge, auch zum Generalthema des rotarischen Jahres 2019 / 20. Neues werden wir ausprobieren. Die musikalische Darbietung von Freund Kleindienst im heutigen Meeting, wofür ich mich ganz herzlich bedanke, machte den Anfang. Ein virtueller Gottesdienst zu Ostern ist in Planung. Allen Beteiligten möchte ich an dieser Stelle ausdrücklich für das große Engagement danken.
Das Gespräch in der Familie, Musik, Literatur oder der neuerdings angebotene virtuelle Spaziergang durch viele Museen dieser Welt helfen, auf andere Gedanken zu kommen und Freude und Erfüllung zu empfinden. Der »Tsunami von Coronainformationen« über alle Informationskanäle ist nicht immer hilfreich, zumal einige dieser »Informationen« eher unter Fake News einzuordnen sind.
Im Vorfeld zu diesem Präsidentenbrief entspannte sich eine Diskussion zwischen meinem Sohn Frederik und mir – im Hinblick auf die

Interpretation eines ihm von seiner Großmutter empfohlenen Gedichts von Heinrich Heine.

Das Gedicht »Kluge Sterne« verfasste Heinrich Heine im Jahr 1844. Es findet sich in einer Sammlung mit dem Titel »Zur Ollea«. »Die Gedichte der kleinen Sammlung sind humorvoll und böse, ernsthaft und verspielt, manchmal in grotesker Manier, die auf Christian Morgenstern vorausweist.« Es lässt sich in viele Richtungen interpretieren, daher möchte ich es Ihnen an dieser Stelle nicht vorenthalten.

Kluge Sterne
Die Blumen erreicht der Fuß so leicht,
Auch werden zertreten die meisten;
Man geht vorbei und tritt entzwei
Die blöden wie die dreisten.

Die Perlen ruhn in Meerestruhn,
Doch weiß man sie aufzuspüren;
Man bohrt ein Loch und spannt sie ins Joch,
Ins Joch von seidenen Schnüren.

Die Sterne sind klug,
Sie halten mit Fug
Von unserer Erde sich ferne;
Am Himmelszelt, als Lichter der Welt,
Stehn ewig sicher die Sterne.
Heinrich Heine

Und damit komme ich zur Musik. Im April hätten wir im Rahmen unserer Moskaureise am Freitagabend das Bolshoi-Theater besucht und uns dem Genuss einer Aufführung an diesem historisch so bedeutsamen Platz hingegeben. Dies wird uns leider nicht möglich sein. Aber das Bolshoi-Theater hat angekündigt, dass erstmals in der Geschichte des berühmten Hauses viele klassische Opern und Ballettvorstellungen im Rahmen eines Broadcast-Livestreams auf dem YouTube-Kanal des Bolshoi-Theaters für jeden kostenfrei zur Verfügung stehen.

Am vergangenen Sonntag wurde Schwanensee gezeigt und stand

24 Stunden für die weltweite Zuhörerschaft zur Verfügung. Das Programm der nächsten Tage sieht wie folgt aus:
28. März, *The Sleeping Beauty*
01. April, *The Tsar's Bride*
04. April, *Marco Spada*
07. April, *Boris Godunov*
10. April, *Der Nussknacker*
Ich kann Ihnen diese Vorstellungen nur empfehlen. Sie können diese über den YouTube-Kanal des Bolshoi-Theaters sehen: http://www.youtube.com/bolshoi

Viel Vergnügen im Bolshoi-Theater.

Irgendwann werden die Einschränkungen durch die Coronakrise wieder aufgehoben werden und wir können uns auf das Reisen freuen. Daher möchte ich schon jetzt auf eine Ausstellung aufmerksam machen, die das Von der Heydt-Museum in Wuppertal anlässlich des 80. Geburtstags von Hannsjörg Voth zeigt. Hannsjörg Voth, der erste und bedeutendste Land Art-Künstler Deutschlands wird Ihnen vielleicht noch durch die Illustrationen unseres Vortragsbuches des rotarischen Jahres 2016/17 »Kann Freiheit grenzenlos sein?« in Erinnerung sein. Damals zitierte ich in meinem Vorwort über den Münchener Ausnahmekünstler Hannsjörg Voth einen Beitrag von Helmut Schneider: »… ein fremdartiges Gebilde in unberührter Natur und doch durch die Bauweise mit der traditionellen Kultur des Sahararandgebiets verbunden. Uralt und modern, auf Geschichte bezogen und von der Gegenwart redend ist Hannsjörg Voths Kunstwerk ein Mahnmal für die Sehnsüchte des Menschen, ein Mahnmal für seinen überheblichen Glauben an das Machbare.« Ich erwähnte eine Zeichnung von Voth auf Seite 14 unseres Buches. In dieser Arbeit käme diese Begrenztheit menschlichen Seins und der Irrglaube von grenzenloser Freiheit besonders deutlich durch den gefallenen Ikarus zum Ausdruck. Diese Arbeit wird in Wuppertal zu sehen sein. Die Thematik ist gerade in der jetzigen Zeit von besonderer Bedeutung. Eine Vorschau zu dieser Ausstellung finden Sie, wenn Sie den folgenden Link anklicken: https://www.von-der-heydt-museum.de/Voth.html

Neben den schönen Künsten ist Humor eine Ressource für Resilienz im Sinne von »Humor ist, wenn man trotzdem lacht« (Otto Julius Bier-

baum). Immer wieder sehen wir uns im Leben mit Krisen konfrontiert, auf die wir, wie auch jetzt, oft keinen Einfluss haben. Einfluss aber haben wir darauf, wie wir damit umgehen. Wir haben es in unserer Hand, ob wir »den Kopf in den Sand stecken« oder aber versuchen, das Bestmögliche aus der Situation zu machen. Humor ist der Schlüssel für schwierige und problematische Situationen. »Wir lernen, die Dinge aus einer inneren Distanz heraus und somit aus einem neuen Blickwinkel zu sehen und schaffen dadurch die Möglichkeit, neue und bislang unbekannte Lösungswege zu gehen. Humor ist demzufolge eine Bewältigungsstrategie.« In diesem Sinne ist das von unserem Incoming-Präsidenten Freund Frey mir übermittelte Bonmot zu verstehen. Freund Frey erhielt unter dem Aspekt »überraschende Entdeckungen« von vielbeschäftigten französischen Freunden dieses Bonmot:
D'habitude le matin je prends mon café au bar. Et ce matin, je l'ai pris avec ma femme. Elle a l'air sympa!!

Von Freund Frey übersetzt: Normalerweise trinke ich meinen Kaffee am Morgen in der Bar (im Café). Heute habe ich ihn zusammen mit meiner Frau zu Hause getrunken. Sie sieht ja sehr nett aus!!

In diesem Sinne versuchen Sie, dass Beste aus der Situation zu machen. Ich wünsche Ihnen weiterhin Kraft und Zuversicht, bleiben Sie gesund, mit herzlichen rotarischen Grüßen

Alexander P. F. Ehlers
Präsident

Buchempfehlung
Michael Ossorgin
»Eine Straße in Moskau«
Die Andere Bibliothek, Berlin, 2. Auflage 2016

»Michael Ossorgin, der bereits 1922 auf Lenins Befehl hin die Sowjetunion verlassen musste, brachte es mit *Eine Straße in Moskau* sofort zu internationaler Berühmtheit. Die kleine Straße im Zentrum von Moskau heißt Siwzew Wrashek. Hier setzt im Frühjahr 1914 Ossorgins Roman ein und endet im Frühlingserwachen des Jahres 1920 – Weltkrieg, Revolution und der Kampf zwischen den Bolschewiki und ihren Gegnern sind auch durch diese Straße gegangen und haben ihre Bewohner im Sog der Ereignisse zu anderen Menschen gemacht. Wie durch ein Brennglas werden die epochalen Ereignisse im Mikrokosmos eines Professorenhaushaltes um den betagten Ornithologen Ivan Alexandrowitsch, seine Enkelin Tanjuscha und ihre Freunde betrachtet und meisterhaft zu einem Mosaik aus Bildern und Szenen montiert: ein Film in Prosa, ein dramatisches Personal, unvergessliche Szenen, realistisch direkt oder symbolisch – parabelhaft überhöht.«

7. April 2020

4. Präsidentenbrief

während der coronabedingten

Schließung des RC München

»Das Osterfest«

*Das Leben,
es mag sein, wie es will, ist ein Glück,
das von keinem anderen übertroffen wird.
(Leo N. Tolstoi)*

Liebe rotarische Freunde,

meinen Präsidentenbrief in der Karwoche möchte ich beginnen mit einem Dank für viele freundschaftliche und aufmunternde Briefe, Mails und Anrufe. Danke für Ihre Zustimmung zu den vom Vorstand und mir beschlossenen und umgesetzten Maßnahmen wie virtuelle Meetings, Videovorstandssitzungen oder auch Präsidentenbriefe und deren Wertschätzung. Ich kann Ihnen versichern, dass wir alles tun werden, um in diesen für uns alle herausfordernden Zeiten den Club zusammenzuhalten und Freundschaft und Nähe zu bewahren.

Nur noch wenige Tage trennen uns von dem lang erwarteten und ersehnten Osterfest. Und ja, es wird ein anderes Osterfest sein, als viele es sonst erwarten würden. So gehört zu Ostern oft die Reise in die Ferne oder ein gemeinsames Treffen mit der ganzen Großfamilie dazu. Dies wird dieses Jahr so nicht möglich sein.

Aber vielleicht gewährt uns das Coronavirus die Chance, das Osterfest wieder als das wahrzunehmen, was es eigentlich ist. Der Ostersonntag ist der Festtag der Auferstehung Jesu Christi, der als Sohn Gottes den Tod überwunden hat. Es ist der ranghöchste Feiertag im Kirchenjahr, den wir dieses Jahr vielleicht mit Besinnung und Konzentration auf die freudige Botschaft der Auferstehung unseres Herrn begehen können.

Und es ist uns außerdem noch viel mehr erlaubt als unseren Freunden in Italien oder Spanien. So dürfen wir das herrliche Frühlingswetter zu einem Osterspaziergang im Kreise der Kernfamilie genießen. Das erinnert mich an den Osterspaziergang von Johann Wolfgang von Goethe. Das Gedicht findet sich am Anfang des Faust I in der Szene, die mit »Vor dem Tor« betitelt ist. Faust und sein Schüler Wagner machen einen Spaziergang am Ostersonntag und wir Leser lernen erstmalig die erzählte Welt außerhalb des Studierzimmers von Faust kennen.

»Vom Eise befreit sind Strom und Bäche
Durch des Frühlings holden, belebenden Blick;
Im Tale grünet Hoffnungsglück;
Der alte Winter, in seiner Schwäche,
Zog sich in rauhe Berge zurück.

Von dorther sendet er, fliehend, nur
Ohnmächtige Schauer körnigen Eises
In Streifen über die grünende Flur;
Aber die Sonne duldet kein Weißes,
Überall regt sich Bildung und Streben,
Alles will sie mit Farben beleben;
Doch an Blumen fehlt's im Revier,
Sie nimmt geputzte Menschen dafür.«

In Vorbereitung unseres eigenen Osterspazierganges am kommenden Sonntag lohnt es sich vielleicht, dieses Gedicht, ein Monolog des Faust, nochmals ganz zu lesen.

Auch habe ich Ihnen ein kleines Osterei im Anhang meines Briefes versteckt. Hannsjörg Voth, über dessen Retrospektive anlässlich seines 80. Geburtstages ich im letzten Präsidentenbrief berichtete, hat mir für meine rotarischen Freunde den digitalisierten Katalog dieser Ausstellung zur Verfügung gestellt. Ich darf Ihnen diesen mit den allerherzlichsten Grüßen und Osterwünschen von Hannsjörg Voth im Anhang übersenden. Es lohnt sich wirklich, darin zu schmökern. Und wer den Katalog gerne in gedruckter Version haben möchte, kann ihn beim Von der Heydt-Museum bestellen. Hierzu haben Sie alle Informationen im Link in der letzten Woche erhalten.

Immer wieder sind in den letzten Jahrtausenden über die Menschheit Katastrophen wie Pandemien hereingebrochen. So beschreibt Giovanni Boccaccio in »Il Decamerone« beklemmend realistisch und detailreich die Pest in Florenz im Jahre 1348. Bis heute dient diese Einführung als historische Quelle über diese Epidemie. Diese Darstellung steht aber nur am Anfang der unbeschwert und daseinsfroh erzählten Novellen, die über Liebe, Gott und die Gewalt der Liebe handeln. Darum geht es Boccaccio. Vielleicht eine interessante Lektüre in diesen Zeiten. Im Anhang finden Sie zwei Fotos des 1924 gedruckten »Il Decamerone« aus meiner Bibliothek – ein Geschenk meines Bruders.

Um Liebe geht es auch in den Opern, die die Metropolitan Opera in der Zeit vom 06. bis 12. April kostenfrei streamt:
Montag, 06. April, Verdis *Aida*
Dienstag, 07. April, Puccinis *La Fanciulla del West*

Mittwoch, 08. April, Verdis *Falstaff*
Donnerstag, 09. April, Wagners *Parsifal*
Freitag, 10. April, Gounods *Romeo et Juliette*
Samstag, 11. April, Donizettis *Don Pasquale*
Sonntag, 12. April, Mozarts *Cosí fan tutte*

Über den Link finden Sie alle Details und Informationen: https://www.metopera.org/user-information/ nightly-met-opera-streams/

Lassen Sie mich zum Abschluss meines Wochenbriefes noch auf Erzählungen und Erinnerungen meiner russischen Großmutter Zoë von Kowaljew bezüglich des russisch-orthodoxen Osterfestes eingehen. Das Osterfest war im alten zaristischen Russland der Höhepunkt des Kirchenjahres. Nach der streng gelebten Fastenzeit mit besonderen Riten und Speisen freute sich jeder auf Ostern. Besondere Speisen fanden sich auf der Ostertafel am Ostersonntag. Besonders geschätzt wurden von uns Kindern Paskha (eine reichhaltige Quarkspeise mit Zucker, Korinthen und Rosinen) und Kulitsch (ein Hefegebäck). Und natürlich durften die rot bemalten Eier nicht fehlen. Nach dem lange dauernden Gottesdienst in der Osternacht begrüßte man sich mit »Христос воскресе! Воистину воскресе!« (übersetzt: *Christus ist auferstanden! Wahrlich er ist wirklich auferstanden!*).

In diesem Sinne wünsche ich Ihnen und Ihren Familien ein fröhliches und gesegnetes Osterfest, mit herzlichen Grüßen

Alexander P. F. Ehlers
Präsident

Buchempfehlung
Lara Prescott
»Alles, was wir sind«
Aufbau Verlag, Berlin, 1. Auflage 2019

»Der Kalte Krieg zieht auf, und Worte werden zu Waffen. Olga Iwinskaja, Geliebte des großen Boris Pasternak, wird verhaftet. In Moskau will man verhindern, dass Pasternaks Roman *Doktor Shiwago* erscheint, doch Olga hält an ihrer Liebe zu Boris fest. Zugleich will die CIA mit einer einzigartigen Waffe den Widerstand in der Sowjetunion wecken – mit Literatur, mit *Doktor Shiwago*. Für die Mission wird die junge Irina angeworben und von der Agentin Sally ausgebildet. Es beginnt eine gefährliche Hetzjagd auf ein Buch, das den Lauf der Welt verändern soll.«

14. April 2020

5. Präsidentenbrief während der coronabedingten Schließung des RC München

»Hoffnung«

> *Unglückselige Ereignisse sind zwar eine potenzielle Quelle der Wut und der Verzweiflung, können jedoch gleichermaßen eine Quelle spirituellen Wachstums sein. Ob Letzteres der Fall ist, hängt von unserer Reaktion ab.*
> *(Dalai Lama)*

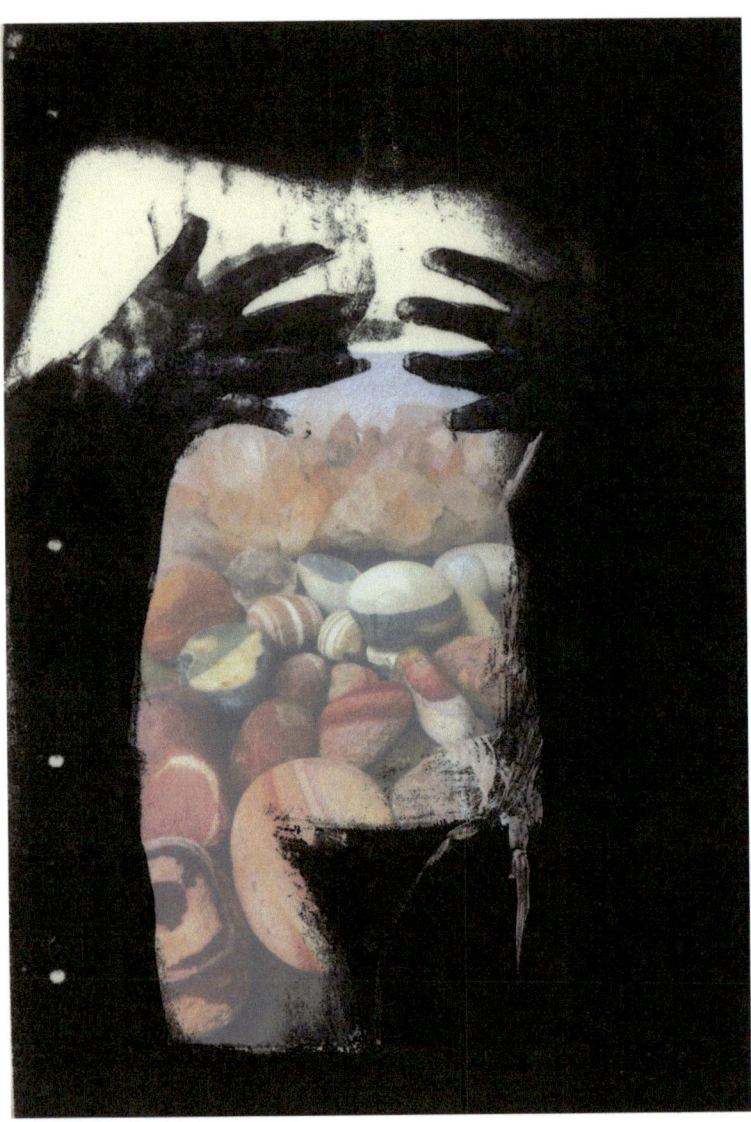

Liebe rotarische Freunde,

ein besonderes Osterfest liegt hinter uns. Ein Osterfest, das uns deutlicher als je zuvor vor Augen geführt hat, was Ostern für uns wirklich bedeutet und bedeuten kann.

In diesem Zusammenhang möchte ich von ganzem Herzen Ihnen, lieber Freund, lieber Abt Johannes, danken für Ihre Ansprache am Ostersamstag, die Sie an uns Freunde gerichtet haben.

Trotz der körperlichen Distanz, die das Virus uns derzeit allen abverlangt, wachsen wir gleichzeitig zusammen. Wir erkennen, dass wir alle nur gemeinsam die Zukunft erringen können. Papst Franziskus hat in seiner Ansprache am Ostersonntag im Petersdom vor dem »Urbi et orbi«-Segen in seinen Schlussworten betont: »Gleichgültigkeit, Egoismus, Spaltung und Vergessen sind wahrlich nicht die Worte, die wir in dieser Zeit hören wollen. Wir wollen sie aus allen Zeiten verbannen! Sie scheinen besonders dann die Oberhand zu bekommen, wenn Angst und Tod in uns dominieren, d. h. wenn wir den Herrn in unseren Herzen und in unserem Leben nicht siegen lassen. Er, der den Tod bereits besiegt hat und uns den Weg zum ewigen Heil eröffnet hat, vertreibe die Schatten unserer armen Menschheit und führe uns hin zu dem herrlichen Tag, der keinen Abend kennt.«

Erstmals in der 70-jährigen Geschichte der Sendung »Wort zum Sonntag« gab es eine ökumenische Kooperation. Der Vorsitzende der Deutschen Bischofskonferenz, Limburgs Bischof Georg Bätzing, und der Ratsvorsitzende der Evangelischen Kirche in Deutschland (EKD), Landesbischof Heinrich Bedford-Strohm, ermutigten gemeinsam: »Das Osterlicht vertreibt nicht einfach unsere Ängste und großen Sorgen und schafft sie aus der Welt ...« Aber es gebe Hoffnung: »Das Licht und das Leben werden siegen.«

Vor 189 Jahren heiratete Alexander Sergejewitsch Puschkin Natalja Gontscharowa. Sie hatten sich im Jahr zuvor kennengelernt. Mit Blick auf die Hochzeit erhielt Puschkin von seinem Vater das Dorf Boldino, 250 km von Nischni Nowgorod entfernt. Alexander Puschkin plante, dieses Dorf nur kurz zu besuchen. Die Cholera Epidemie von 1831 verhinderte allerdings die Rückkehr nach Moskau. So war Puschkin gezwungen, in der Provinz zu bleiben. Dies wurde seine größte Schaffensperiode. Aus der Quarantäne schrieb er:

Alexander Sergejewitsch Puschkin (1799–1837)
»Gestatten Sie mir,
Bürger dieses Landes,
Sie in dieser schweren Zeit,
eingesperrt in Quarantäne,
zu dem großartigen Fest des
Frühlings zu beglückwünschen.

Alles wird sich wieder einkriegen,
alles wird vorübergehen!
Die Trauer und die Aufregung werden vergehen,
unsere Wege werden wieder befahrbar werden.
und der Garten wird wie früher blühen.

Die Krankheit besiegen wir,
mit Hilfe unseres Verstandes,
mit der Kraft unseres Wissens.
Und die Tage der schweren Prüfung
können wir nur als Familie überstehen.

Wir werden klarer und weiser.
Wir kapitulieren nicht vor der Finsternis
und dem Schrecken.
Wir fassen neuen Mut
und kommen einander näher und werden besser.

Und mögen wir uns
an dem festlich gedeckten Tisch
uns wieder des Lebens freuen,
möge Gott an diesem Tag
in jedes Haus ein Stückchen Glück schicken.«

Mit Mut und Hoffnung, Familie und Gemeinsinn, Gottvertrauen und Glauben werden wir diese Herausforderungen überwinden.

Das Thema Hoffnung nimmt auch die monumentale Installation des Künstlers Aljoscha in einer der größten Kathedralen der Welt in New York, St. John the Divine, auf. Eigentlich sollte diese monumentale Installation zu dieser Zeit vervollständigt werden. St. John the Divine ist jedoch zurzeit Hilfskrankenhaus, um die vielen Erkrankten in Manhattan zu versorgen. So formuliert der Galerist Michael Beck: »Leid und Hoffnung treffen jetzt dort aufeinander ... Vielleicht nimmt sie die schweren Gedanken auf und transformiert sie in einen meditativen Zustand der Bewunderung und des Erstaunens. Und bringt den dort Untergebrachten Hoffnung. Kunst jedenfalls hilft uns, die Welt besser zu verstehen und manchmal hilft sie sogar alleine durch ihre Existenz; hier ist sie dort und schwebt im Kirchenschiff schwerelos und beruhigend.«

Danken möchte ich in dieser Woche auch Freund Adolff, der mich mit zwei wunderbaren handschriftlichen Briefen beschenkt hat. Freund Adolff machte mich auf seine über zwei Jahrzehnte währende Zusammenarbeit mit Henry Kissinger im internationalen Beraterkreis der Robert Bosch GmbH aufmerksam. So betonen Sie, lieber Freund Adolff: »Alle seine langfristigen Prognosen, die ich mit ihm erlebt habe, sind auch so eingetreten.« Daher sei die Veröffentlichung von Kissinger im Wall Street Journal vom 03. April besonders bedenkenswert – *The Coronavirus Pandemic Will Forever Alter the World Order*. Ein herzliches Dankeschön nochmals an Freund Adolff!

Auch in dieser Woche streamt die Metropolitan Opera wieder kostenfrei die bedeutendsten Veranstaltungen der derzeitigen Saison.
Montag, 13. April, Dvořáks *Rusalka*
Dienstag, 14. April, Mussorgskys *Boris Godunov*
Mittwoch, 15. April, Puccinis *La Rondine*
Donnerstag, 16. April, Rossinis *Le Comte Ory*
Freitag, 17. April, Puccinis *Madama Butterfly*
Samstag, 18. April, Cileas *Adriana Lecouvreur*
Sonntag, 19. April, Strauss' *Der Rosenkavalier*

Über den folgenden Link finden Sie alle Details und Informationen:
https://www.metopera.org/user-information/nightly-met-opera-streams/

In diesem Sinne genießen Sie die Musik. Martin Luther zugeschrieben ist als Tischrede: »Musika ist das beste Labsal einem betrübten Menschen.«

In der Hoffnung, Ihnen etwas Zuversicht gegeben zu haben, verbleibe ich diese Woche mit den besten rotarischen Grüßen,
bleiben Sie gesund,

[Unterschrift: Alexander Ehlers]

Alexander P. F. Ehlers
Präsident

Buchempfehlung
Olga Forsch
»Russisches Narrenschiff«
Die Andere Bibliothek, Berlin, 2020

»Olga Forschs *Russisches Narrenschiff* ist der letzte Roman des ›Silbernen Zeitalters‹ der russischen Literatur. Erstmals übersetzt, angereichert mit ›Lyrischem Gepäck‹ und einem umfangreichen Bordbuch, schlägt uns in neun ›Wellen‹ das Panorama der russischen Avantgarde entgegen.
Das Russische Narrenschiff meint das von Maxim Gorki gegründete ›Haus der Künste‹ in Petersburg, dem sowjetischen Petrograd, in dem Maler, Philosophen und allen voran Schriftsteller und Dichter gemeinsam mit Arbeitern lebten. Dieses ›Narrenschiff‹ ist von der Kunst beseelt und seine Passagiere, darunter Alexander Blok, Boris Pilnjak, Viktor Schklowski, Jewgeni Samjatin und viele andere, versuchen sich von 1919 bis 1922 in Kühnheit und Fortschrittlichkeit zu überbieten – in der Liebe und in der Literatur.
1930 erstmals erschienen, ist Olga Forschs vergessener Roman eine reich gefüllte Flaschenpost, in der wir die Stimmen der kurzen russischen literarischen Moderne zwischen Revolution und Bürgerkrieg entdecken.«

21. April 2020

6. Präsidentenbrief während der coronabedingten Schließung des RC München

»Abgeschiedenheit«

> *»Genieß die Gegenwart mit frohem Sinn, sorglos, was dir die Zukunft bringen werde. Doch nimm auch bittern Kelch mit Lächeln hin – vollkommen ist kein Glück auf dieser Erde.«*
> *Horaz (65–8 v. Chr.),*
> *eigentlich Quintus Horacius Flaccus*

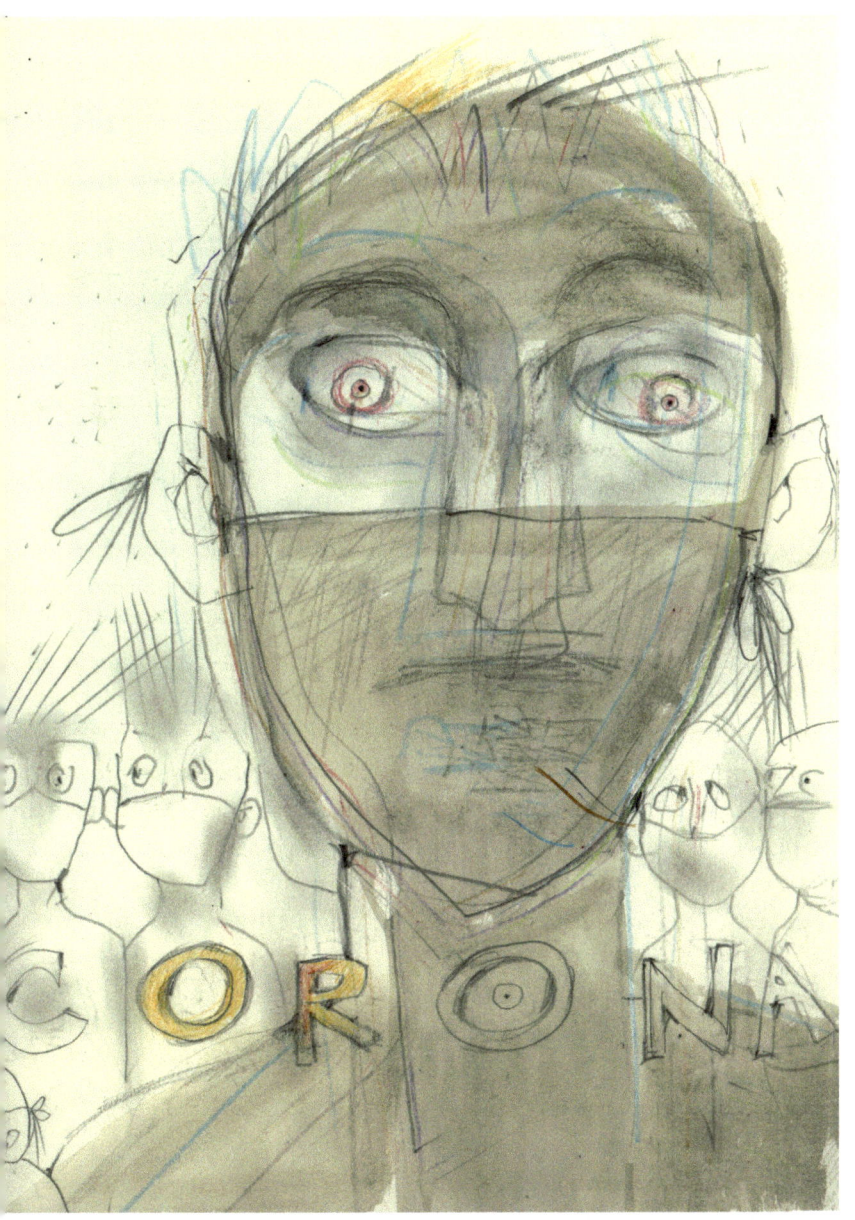

Liebe rotarische Freunde,

dieser Spruch von Horaz, eigentlich Quintus Horacius Flaccus, neben Vergil und Ovid einer der bedeutendsten römischen Dichter der sog. »Augusteischen Zeit« weist in ähnliche Richtung wie Luthers Spruch vom Apfelbaum (s. 3. Präsidentenbrief).

Es geht um das Hier und Jetzt und um das, was wir daraus machen. Es liegt auch an uns, Glück und Zufriedenheit in noch so schwerer Situation zu empfinden. So formuliert Horaz an anderer Stelle: »Glücklich der Mensch, glücklich er allein, der das Heute ganz besitzen kann, der, in sich ruhend, sagen kann: Morgen sei es noch so schlimm, ich habe heute gelebt.«

So kann man vielleicht die durch Ausgehbeschränkungen und Quarantäne bedingte physische Distanzierung und »Vereinsamung« mit anderen Augen und aus einer anderen Perspektive betrachten.

Erinnern wir uns, dass beispielsweise in der Epoche der Aufklärung Einsamkeit als positiv gewertet wurde – »als Rückzug des Menschen aus dem hektischen Alltag zum Zwecke geistiger Aktivität und Selbstbesinnung … Gerade durch diesen Rückzug eröffnet sich aber zugleich die Möglichkeit des aufmerksamen, differenzierten In-sich-Hineinhörens im Dienste der Selbstvergewisserung über das eigene Ich.« Ein Beispiel hierfür ist Goethes »empfindsamer Roman« »Werther«.

Johann Wolfgang von Goethe greift ebenso die oben angesprochene Thematik der Wechselfälle des Lebens auf. Besonders schön arbeitet Goethe dies im Gedicht »Im Atemholen sind zweierlei Gnaden« heraus. Dieses Gedicht ist das letzte der fünf »Talismane« aus dem »Buch des Sängers«, dem ersten Buch des »West-östlichen Divan«.

Im Atemholen sind zweierlei Gnaden
»Im Atemholen sind zweierlei Gnaden:
Die Luft einziehen, sich ihrer entladen;
Jenes bedrängt, dieses erfrischt;
So wunderbar ist das Leben gemischt.
Du danke Gott, wenn er dich presst,
Und dank ihm, wenn er dich wieder entlässt.«

Ich möchte an dieser Stelle nochmals auf die uns durch die äußeren Umstände verordnete »Abgeschiedenheit« und eine diesbezügliche positive Betrachtung zurückkommen: Auf dem Sekretär meines Vaters P. Nikolai Ehlers stand ein kleiner Mahagoni-Ständer mit der weiß-grünen sibirischen Flagge. Diese Flagge erinnerte ihn an seine Eltern, Zoë von Kowaljew und Herbert Ehlers, die in den ersten Ehejahren im Ural gelebt hatten. Mein Großvater war als Landeshauptmann für die Verwaltung der Region zuständig.

Der Ural mit seiner Grenze zwischen Europa und Asien wurde für meinen Vater später ein Ort der Sehnsucht. Daraus entwickelte sich bei ihm im Alter »Pawliks« Traum von einem besinnlichen, auf sich zurückgezogenen Leben als Bahnwärter auf dem Lande. Pawlik, so nannte meine Großmutter meinen Vater.

Meine Stiefmutter, Waltraud Robke-van Gerfsheim, realisierte aus den Erzählungen meiner Großmutter Zoë und den Wunschvorstellungen meines Vaters seinen Traum zumindest als Buch »Pawlik: Wahrheit und Dichtung«.

Aus diesem Buch möchte ich eine kurze Sequenz zitieren:

»Nach einem strapaziösen Berufsleben verwirklicht Pawlik seinen lang gehegten Wunsch, die letzten Jahre seines Lebens fernab von gesellschaftlichen Zwängen in Ruhe und Gemütlichkeit zu verbringen. Als Bahnwärter, weil er meint, ganz ohne Pflicht nicht auskommen zu können. Seiner Frau passt das gar nicht. Sie braucht den Trubel der Großstadt. Sie einigten sich darauf, dass sie nur einen Teil des Jahres bei ihm auf dem Land verbringt, sonst aber in Moskau lebt. So kam es, dass Pawlik das Bahnwärterhaus meist allein bewohnt. Wie alle Häuser im Dorf ist es ein Holzhaus, dessen Fenster mit farbigen Schnitzereien reich verziert sind. Frühling und Sommer verwandeln den Vorgarten in ein wahres Paradiesgärtlein mit verschwenderischer Blumenpracht. Zwischen den majestätischen Sommerblumen sitzt Pawlik an warmen Sommertagen auf der Holzbank neben der Tür, glücklich, mit niemandem auf der Welt tauschen zu müssen … Fragt man ihn, ob er seinen Frieden gefunden habe, meint er erstaunt, dass sein Leben ziemlich aufregend sei. Sein Bahnwärterdienst ist es auf jeden Fall nicht. Alle drei Tage kommt ein Zug aus dem Osten Russlands und einer aus dem Westen. In der übrigen Zeit herrscht Ruhe.«

In diesem Buch zeigt sich auf bezaubernde Weise, dass es Wichtigeres im Leben als einen vollen Terminplan, Konferenzen, Hektik und gesellschaftliche Zwänge gibt. Trotz Abgeschiedenheit und Einsamkeit in den Weiten Sibiriens kann es Glück und Selbstzufriedenheit geben, auch wenn man auf sich allein gestellt ist. Es ist alles eine Frage der Einstellung und Perspektive.

Zur weiteren Vorfreude auf unsere leider in den Herbst verschobene Moskau-Reise und zur Erinnerung an dieses besondere Jahr unter dem Generalthema »Die Völkerfreundschaft zwischen Deutschland und Russland als Grundlage für den Frieden in Europa« möchte ich jedem von Ihnen, liebe rotarische Freunde, bei der Amtsübergabe dieses Buch »Pawlik: Wahrheit und Dichtung« schenken.

Vielleicht macht es Ihnen etwas Freude und auch noch mehr Lust auf das große Russland, den Ural und Sibirien.

Seitens der Metropolitan Opera wird der freie Streaming-Dienst mit wunderbaren Opern fortgesetzt. Über den folgenden Link finden Sie alle Details und Informationen: https://www.metopera.org/user-information/nightly-met-opera-streams/

Montag, 20. April, Strauss' *Elektra*
Dienstag, 21. April, Puccinis *Tosca*
Mittwoch, 22. April, Offenbachs *Les Contes d'Hoffmann*
Donnerstag, 23. April, Lehars *Lustige Witwe*
Freitag, 24. April, Verdis *La Traviata*
Samstag, 25. April, At-Home Gala
Sonntag, 26. April, Rossinis *La Cenerentola*

Mit Eduard Mörike wünsche ich Ihnen eine schöne Frühlingswoche, bleiben Sie gesund, mit den besten rotarischen Grüßen,

Alexander P. F. Ehlers
Präsident

Eduard Mörike (1804–1875)
Er ist's
»Frühling lässt sein blaues Band
Wieder flattern durch die Lüfte.
Süsse wohlbekannte Düfte
Streifen ahnungsvoll das Land.
Veilchen träumen schon,
Wollen balde kommen. –

Horch, von fern leiser Harfenton!
Frühling, ja du bist's!
Dich hab ich vernommen!«

Buchempfehlung
Simon Sebag Montefiore
»Die Romanows: Glanz und Untergang der Zarendynastie 1613–1918«
S. Fischer Verlag GmbH, 2016

»Wie kein anderes Adelsgeschlecht sind die Romanows der Inbegriff von schillerndem Prunk, Macht, Dekadenz und Grausamkeit. Über 300 Jahre dominierten sie das russische Reich, mehr als 20 Zaren und Zarinnen gingen aus dem Geschlecht hervor, allesamt getrieben von unbändigem Machthunger und dem rücksichtslosen Willen zu herrschen – einige dem Wahnsinn näher als dem Genie.
Der Bestsellerautor und Historiker Simon Sebag Montefiore erzählt die Saga dieser unglaublichen Familie, in der Rivalität, Giftmorde und sexuelle Exzesse regelrecht auf der Tagesordnung standen. Basierend auf neuester Forschung und unbekanntem Archivmaterial zeichnet er die Schicksale und politischen Verwicklungen nach. Weder zuvor noch danach gab es ein so gewaltiges Reich, in dem sich Glanz und Grausamkeit auf unheilvolle Weise verbündeten.«

28. April 2020

7. Präsidentenbrief während der coronabedingten Schließung des RC München

»Humor«

»Der Humor ist der Regenschirm der Weisen.«
(Erich Kästner)

»Das Glück besteht nicht darin, dass du tun kannst, was du willst, sondern darin, dass du immer willst, was du tust.«
(Leo Tolstoi)

»Die Phantasie tröstet die Menschen über das hinweg, was sie nicht sein können, und der Humor über das, was sie tatsächlich sind.«
(Albert Camus)

Liebe rotarische Freunde,

in den letzten sechs Präsidentenbriefen habe ich mich mit verschiedenen Facetten des menschlichen Seins – von Glaube und Religion über Kunst bis hin zu Ethik und Philosophie – beschäftigt. Im dritten Präsidentenbrief erwähnte ich Humor als eine Ressource für Resilienz und verwies auf Otto Julius Bierbaum im Sinne von »Humor ist, wenn man trotzdem lacht.« Dem Humor und seiner Bedeutung für unser Leben möchte ich mich heute widmen. Die zitierten Sprüche von Kästner, Tolstoi und Camus weisen auf unterschiedliche Aspekte hin.

Was ist eigentlich Humor? Wikipedia definiert Humor als »die Begabung eines Menschen, der Unzulänglichkeit der Welt und der Menschen, den alltäglichen Schwierigkeiten und Missgeschicken mit heiterer Gelassenheit zu begegnen«. Auf die etymologischen oder historischen Aspekte von Humor möchte ich nicht eingehen. Im Wesentlichen gibt es drei Theorien, die versuchen, den Kern eines humorvollen Moments zu erfassen: die Überlegenheits-Theorie von Aristoteles, die Inkongruenz-Theorie von Cicero und die Entladungs-Theorie von Freud. Im Deutschen wird Humor dahingehend verstanden, dass »Schwäche und Stärke auf eigentümliche Art und Weise« sich verbinden: »Ein Lachen ist nur dann Humor, wenn es in einer Situation der Gefahr oder des Scheiterns auftritt, sich nicht gegen Dritte richtet und eine noch so kleine Hoffnung auf die Überwindung der Krise vermittelt.«

Humor ist eine Ressource für Resilienz. Wir lernen, in noch so schwierigen Situationen Probleme aus einer inneren Distanz heraus und damit aus einem anderen Blickwinkel zu betrachten. Dies schafft uns die Möglichkeit, neue, bislang unbekannte Lösungswege zu gehen. Humor ist Bewältigungsstrategie. So passt das Gedicht von Wilhelm Busch sehr gut:

Humor
»Es sitzt ein Vogel auf dem Leim,
er flattert sehr und kann nicht heim.
Ein schwarzer Kater schleicht herzu,
die Krallen scharf, die Augen gluh.
Am Baum hinauf und immer höher
kommt er dem armen Vogel näher.

Der Vogel denkt: Weil das so ist
und weil mich doch der Kater frisst,
so will ich keine Zeit verlieren,
will noch ein wenig quinquillieren
und lustig pfeifen wie zuvor.
Der Vogel, scheint mir, hat Humor.«

Es ist ein typisches Phänomen, dass in Krisenzeiten Witze, humorvolle Sprüche und entsprechende Zeichnungen an Anzahl exponentiell zunehmen. Erinnern wir uns beispielsweise an Radio Eriwan, den fiktiven Radiosender, der unter dem sozialistisch-kommunistischen Sowjetregime Zuhörerfragen auf ironisch-humorvolle Weise beantwortete.

Und es passiert auch jetzt. Zur Bewältigung der pandemischen Krise, zur Verarbeitung von Angst und Furcht vor dem Unbekannten werden Humor, Witz und ironisierend humorvolle Zeichnungen genutzt. Die Hauptthemata sind Shutdown, Quarantäne, Knappheit von Verbrauchsgütern und der Exit aus dem Shutdown. Danken möchte ich an dieser Stelle meinem Freund PDG Frank Sonntag, der mir seine entsprechende Sammlung übermittelte. Besonders charmant die Zusammenstellung von Kunstwerken zur Erläuterung der o. g. Themata: »Una quarentena con arte – eine Quarantäne mit Kunst«.

Humor hilft uns, die Krise, das Herausfordernde, das Unbekannte oder auch Ängstigende besser zu ertragen und vielleicht den Blick auf etwas Neues, Gutes zu öffnen, wie Tolstoi formuliert:

»Wenn uns etwas
aus dem
gewohnten
Geleise wirft,
bilden wir uns
ein, alles sei verloren,
dabei fängt nur etwas Neues,
Gutes an.«
Leo Tolstoi

Freund Adolff, Präsident unseres Clubs 1978/79, dem ich für stets gute Hinweise, Briefe und Veröffentlichungen danke, wies mich auf zwei Beiträge unseres verstorbenen Freundes Ludwig Heßdörfer (Präsident unseres Clubs 1963/64 und Governor 1968/69) hin. In seinem Beitrag zur Festschrift zum 50-jährigen Jubiläum unseres Clubs »Rotary auf dem Prüfstand« entwickelte er Gedanken, die auch für uns heute noch Bedeutung haben.

Am 01. August 1978, etwas mehr als drei Monate vor dem 50-jährigen Jubiläum, hielt Freund Heßdörfer unter Vorsitz unseres Freundes Adolff, damals Präsident, einen Abendvortrag zum Thema »Freude schöner Götterfunken«. In seiner Einleitung formulierte Freund Heßdörfer:

»Mich hat bei der Wahl meines Themas der Gedanke geleitet, es sei wohl – noch dazu am Beginn eines Jubeljahres – nicht ganz unangebracht, einmal dem Wesen und den Voraussetzungen menschlicher Freude ein wenig nachzuspüren, und sei es auch nur mit dem Ziel, in dem einen oder anderen die Bereitschaft zur Freude zu wecken oder einen ›Freudelosen‹ zu trösten.«

Dieser Vortrag gibt uns ebenfalls für unsere schwierige Zeit viele Hinweise und Anregungen, um Freude auch und gerade jetzt empfinden zu können. So fasst Freund Heßdörfer zum Schluss nahezu als ein Appell zusammen:

»Die Freude ist Botschaft aus dem Unendlichen, das Wesentliche, das Bleibende in der Flucht der zeitlichen Dinge. Erfreuen wir uns deshalb der Geschenke, die uns gegeben sind: des Atems, der uns belebenden Strahlen, der Umwelt, der Schönheit, unserer Seele, des Geistes, des göttlichen Erbteils, unserer Schöpferkraft, der unsterblichen Liebe!«

Dem ist nichts hinzuzufügen.

Humor und Freude sind letztendlich Stabilisatoren, die das Leben zum Leben machen. Und auch Johann Wolfgang von Goethe erkannte im Alter die wahre Bedeutung des Humors:

»Hätte ich ihn mehr eingesetzt, so wären meine ärmsten Arbeiten heiterer und brauchbarer gewesen.«
Johann Wolfgang von Goethe

Im oben zitierten Beitrag von PDG Heßdörfer »Freude schöner Götterfunken« betont er die Musik als übersprudelnde Quelle der Freude:

»Das Transzendente, der Zauber des Geheimnisvollen, die Urgewalt des schöpferischen Erlebens erfasst uns mit einer Intensität, wie sie so unmittelbar auch durch gehobenste Sprache kaum je erreicht werden kann. Das spüren wir alle, auch wenn uns nicht die Gabe verliehen ist, in einem Klavierkonzert jedes unterschlagene Zweiunddreißigstel zu bemerken.«

So komme ich auch in diesem Präsidentenbrief auf das wunderbare Angebot der Metropolitan Opera zurück. Kostenfreies Streaming. Siehe hierzu: https://www.metopera.org/user-information/nightly-met-opera-streams/
Montag, 27. April, Donizettis *Anna Bolena*
Dienstag, 28. April, Donizettis *Maria Stuarda*
Mittwoch, 29. April, Donizettis *Roberto Devereux*
Donnerstag, 30. April, Nico Muhlys *Marnie*
Freitag, 01. Mai, Verdis *Aida*
Samstag, 02. Mai, Verdis *Luisa Miller*
Sonntag, 03. Mai, Borodins *Prinz Igor*

Mit dem Wunsch, dass Ihnen Humor und Freude die herausfordernde Zeit erleichtern, bleibe ich mit den besten rotarischen Wünschen und Grüßen

Alexander P. F. Ehlers
Präsident

Buchempfehlung

Ganz besonders freue ich mich, wenn Sie, liebe Freunde, mir für meine Präsidentenbriefe Anregungen schicken. So möchte ich Freund Sahlberg ganz herzlich für seinen Hinweis danken. Anknüpfend an meine Anregung im sechsten Präsidentenbrief empfahl Freund Sahlberg die ebenso gute wie lesenswerte Stalin-Biografie von Simon Seebag Montefiore **Stalin: Am Hof des roten Zaren**. Dieses Werk habe ich selbst noch nicht gelesen, gebe Ihnen aber mit nochmaligem Dank an Freund Sahlberg diese Empfehlung gerne weiter:

Simon Sebag Montefiore
»Stalin: Am Hof des roten Zaren«
S. Fischer Verlag, 2013

»Der Tyrann und sein Gefolge.
Spannend und fesselnd wie ein großer russischer Roman erzählt diese Stalin-Biografie von mörderischen Intrigen, geheimen Bündnissen und unablässigen Rivalitäten hinter den Kremlmauern. Eine aufsehenerregende Darstellung voll neuer Perspektiven. Nie zuvor konnte man ›Väterchen Stalin‹ so nahe kommen.«
Die *Frankfurter Allgemeine Zeitung* schrieb: »Er zeigt Stalin erstmals als Teufel und Menschen zugleich.«

Ein weiteres wunderbares Buch möchte ich Ihnen ans Herz legen:

Alexis Schwarzenbach
»Auf der Schwelle des Fremden: Das Leben der Annemarie Schwarzenbach«
Collection Rolf Heyne, München, 2008

»Annemarie Schwarzenbachs Leben gleicht einem Roman. Sie war eng befreundet mit den Kindern unseres rotarischen Freundes Thomas Mann, Erika und Klaus. Eine atemberaubend schöne junge Frau, promoviert mit 23, bereits im jungen Alter ihren ersten Roman publizierend. In einer Zeit, in der Frauen das Fremde eher noch scheuten, reist sie viermal in den Orient, viermal in die Vereinigten Staaten. 1939 fährt sie in einem Ford von Genf bis nach Kabul. Sie besucht Afrika und nimmt das Fremde an. Ein Buch, ausgezeichnet bebildert, mit herausragenden Texten.«
Ich kann dieses Werk nur empfehlen. Möglicherweise ist es allerdings nur noch antiquarisch zu erhalten.

Zum Schluss noch etwas zum Schmunzeln

E. O. Plauen
»Vater und Sohn: Bildgeschichten«
Reclams Universal-Bibliothek, Stuttgart, 2015.

Wer kennt die Vater und Sohn-Bildgeschichten nicht. Zu guter Letzt also eine Empfehlung zum Schmunzeln. »E. O. Plauen, das ist Erich Ohser aus Plauen. Er musste seine Identität in den 30er-Jahren hinter den Initialen E. O. verstecken. Freund und Kollege von Erich Kästner. Beide arbeiten in Leipzig für die *Neue Leipziger Zeitung*. Später erinnert sich Kästner: ›Ohser zeichnete und schrieb, was das Zeug hielt. Und alles geschah in einer rebellischen Munterkeit.‹ Im Rahmen der Bücherverbrennungen der Nationalsozialisten am 10. Mai 1933 erhält Ohser quasi Berufsverbot durch die Ablehnung der Mitgliedschaft in der Reichspressekammer. Durch Vermittlung des Uhlstein Verlages darf er schließlich doch noch ›unpolitische Zeichnungen‹ veröffentlichen. So erscheint in der Berliner Illustrierten unter dem Pseudonym E. O. Plauen am 13. Dezember 1934 die erste Vater und Sohn-Bildgeschichte. ›Der Erfolg stellt sich umgehend ein. Das pfiffige Söhnchen und der gutmütige, immer zu unkonventionellen Problemlösungen fähige Vater werden schnell zu Publikumslieblingen, die Geschichten erscheinen wöchentlich bis Dezember 1937.‹ Aufgrund Denunziation wegen hetzerischer Äußerung über Hitler, Himmler und Goebbels wird er verhaftet. Dem zu erwartenden Todesurteil entgeht Erich Ohser nur dadurch, dass er sich in der Nacht vor der Verhandlung das Leben nimmt. Mit einem schriftlichen Geständnis hatte er noch versucht, seinen ebenfalls verhafteten Freund Knauf von allen Anschuldigungen zu entlasten. ›Vater und Sohn‹ aber leben.«

5. Mai 2020

8. Präsidentenbrief während der coronabedingten Schließung des RC München

»Reisen«

> »Eines Tages wirst Du aufwachen und keine Zeit mehr haben für die Dinge, die Du immer wolltest. Tue sie jetzt.«
> (Paulo Coelho)

> »Die gefährlichste Weltanschauung ist die Weltanschauung der Leute, welche die Welt nicht angeschaut haben.«
> (Alexander von Humboldt)

> »Ich habe viele Leute in Europa getroffen, ich bin sogar mir selbst begegnet.«
> (James Baldwin)

Liebe rotarische Freunde,

unter den Buchempfehlungen in meinem 7. Brief war auch die Biografie von Annemarie Schwarzenbach (Alexis Schwarzenbach »Auf der Schwelle des Fremden: Das Leben der Annemarie Schwarzenbach«). Für die Freundin von Erika und Klaus Mann wurde Reisen sehr schnell und sehr früh zu einer Lebensform. Hierbei muss man daran erinnern, dass Reisen auch noch in den 20er- und 30er-Jahren des vorigen Jahrhunderts ein Abenteuer war. Mit ihrer ersten Orientreise, beginnend am 12. Oktober 1933, beginnt sie, ihre im Kopf bereits geträumten und erlebten Reisen umzusetzen. »Eine faszinierende Vorstellung für die junge Frau, die in Gedanken schon die halbe Welt bereist hatte – Anregungen gab es in der gut bestückten Bockener Bibliothek jede Menge.« In ihren Reiseaufzeichnungen hielt sie einige Jahre später fest: »Reisen ist Aufbrechen ohne Ziel, nur mit flüchtigem Blick umfängt man ein Dorf und ein Tal, und was man am meisten liebt, liebt man schon mit dem Schmerz des Abschieds.«

Reisen ist aber nicht nur Abenteuer, sondern auch Bildung und Freude. Die obigen Sprüche treffen ins Schwarze. Und auch Johann Wolfgang von Goethe formuliert: »Die beste Bildung findet ein gescheiter Mensch auf Reisen.« Reisen, das ist es, was wir alle in der derzeitigen Pandemie und den hierauf notwendigen Beschränkungen unserer Freiheit vermissen.

Meine Großmutter mütterlicherseits, Dr. med. Katharina Hussels, stammte aus einer Ärzte- und Sängerfamilie mosaischen Glaubens. Zwei Lebensweisheiten legte sie uns Enkeln sehr früh ans Herz. So sollten wir in unserem Leben so viel wie möglich reisen, um zu erkennen, wie klein wir selbst seien und wie schön und groß die Welt ist. Und darüber hinaus müsse man immer »mit warmer Hand geben und vererben«. Ab diesem Zeitpunkt reiste sie mit jedem von uns durch diese Welt.

Für einen gewissen Zeitraum wird Reisen in der realen Welt noch nicht möglich sein. Aber auf das Reisen muss man nicht verzichten. Es findet nur im Kopf statt – mit der Vorfreude auf die Zeit danach. Diese Lust zum Verreisen, das sehnsüchtige Warten auf die Freiheit, kann bereits jetzt »der schönste Feind der Langeweile oder des Höhlenkollers« sein. Wir reisen im Kopf, so wie das Annemarie Schwarzenbach als Jugendliche in der Bibliothek des väterlichen Anwesens getan hatte. Der Psychologe und Nobelpreisträger Daniel Kahneman verwies auf einige Tricks, die helfen, die derzeit zu erleidenden Einschränkungen besser zu akzeptieren: »Wir reisen mit unserem Verstand, nicht mit dem Körper.« Kahneman betont, dass »unsere Erinnerungen längerfristig einen viel größeren Einfluss darauf haben, wer wir sind, als unser unmittelbares Erleben ... Deshalb seien wir auf Dauer auf das ›Erinnern an uns selbst‹ angewiesen. Für denjenigen, der diese Wahrheit erkennt und akzeptiert, eröffnet sich eine Welt der Möglichkeiten, um mit dem Geist genauso viel zu reisen wie physisch mit dem Körper.«

Jeder von uns hat seine Vorstellung über die Reisen, die er gerne noch machen möchte. Im Laufe der Zeit ändern sich aber Interessen und Ziele. So lohnt es sich vielleicht, diese Liste gerade jetzt in der Phase der Entschleunigung zu hinterfragen. Entsprechen unsere Reiseziele noch unseren Vorstellungen oder haben sich Orte und Perspektiven geändert? Es ist eine wunderbare Gelegenheit, unsere Planungen auf den Prüfstand zu stellen und vielleicht neue Prioritäten zu setzen.

Aber wie reise ich denn eigentlich konkret im Kopf? Hilfreich sind sicherlich die eigenen Erinnerungen, die man aus verstaubten Schubladen seines Gehirns herauskramt. Und plötzlich entwickeln sich vor dem inneren Auge wie in einem Film längst vergangene Reisen. Traumhafte Momente, Begegnungen mit liebgewonnen Menschen, Momente des Glücks an exotischen Orten, lassen uns nochmals alles erleben.

Aber auch Fotoalben, alte Super-8-Filme, die man sich nach langer Zeit wieder einmal anschaut, aktivieren die Erinnerungen.

Manchmal hilft auch das Stöbern in der eigenen Bibliothek. Plötzlich findet man längst vergessene Bücher, wie es auch mir geschehen ist. Schon immer haben mich Reiseberichte besonders interessiert. Sie lassen uns im Geist verreisen, in exotische Länder und vergangene Zeiten. Vor allen Dingen aber machen uns solche Reiseberichte aus vergangenen Epochen vertraut mit längst vergangenen Formen und Herausforderungen des Reisens. So stieß ich bei meinen Recherchen zu dem heutigen Brief auf Alexander von Humboldts »Reise durchs Baltikum nach Russland und Sibirien 1829«, die sehr gut zum Generalthema unseres rotarischen Jahres passt. Auch die 1923 in München erschienenen

Reiseerinnerungen von Rupprecht Kronprinz von Bayern »Reiseerinnerungen aus dem Südosten Europas und dem Orient« fielen mir wieder in die Hände und erregten sofort meine Aufmerksamkeit. Sowohl Text wie auch Illustrationen und Fotografien entführen den Leser in vergangene Zeiten. Beide Reiseberichte kann ich nur empfehlen, auch wenn sie leider wohl nur noch antiquarisch zu erhalten sind.

In gleicher Weise kann die Musik, bereits einzelne Tonfolgen, unser »Kopfkino« in Gang setzen und uns auf die Reise im Kopf mitnehmen. Die peruanische Flötenmusik aus unserem CD-Player entführt uns plötzlich in die Anden und wir erinnern uns vielleicht an den Indio-Markt in Cusco. So kann uns jede Musiksequenz mitnehmen auf eine Reise durch Zeit und Raum. Wir müssen uns darauf einlassen. Und wir schaffen uns »Flügel«, um den virusbedingten Ausgeh- und Reisebeschränkungen zu entfliehen.

Auch in der 8. Woche entführt uns die Metropolitan Opera mittels ihres kostenfreien Streamings. Siehe hierzu: https://www.metopera.org/user-information/nightly-met-opera-streams/
Montag, 04. Mai, Mozarts *Le Nozze di Figaro*
Dienstag, 05. Mai, Thomas' *Hamlet*
Mittwoch, 06. Mai, Saariahos *L'Amour de Loin*
Donnerstag, 07. Mai, Strauss' *Capriccio*
Freitag, 08. Mai, Puccinis *La Bohème*
Sonntag, 10. Mai, Mascagnis *Cavalleria Rusticana* und Leoncavallos *Pagliacci*

In der Hoffnung, dass wir uns vielleicht in wenigen Wochen wieder persönlich treffen dürfen, wünsche ich Ihnen »die Flügel« für Reisen in der Fantasie, vor allen Dingen aber Gesundheit,
mit besten rotarischen Grüßen

Alexander P. F. Ehlers
Präsident

Buchempfehlung
Philipp Blom
»Eine italienische Reise: Auf den Spuren des Auswanderers, der vor 300 Jahren meine Geige baute«
Carl Hanser Verlag, 2005

»Es muss um 1700 gewesen sein. Kriege und Krankheiten waren über Deutschland hinweg gezogen, und so machte sich ein Geigenbauer aus dem Allgäu auf den Weg nach Italien. Seinen Namen kennen wir nicht, aber eines seiner Instrumente: gebaut in süddeutscher Tradition, aber vermutlich in Venedig fertiggestellt. Es legt Zeugnis ab von einem Netzwerk, in dem bereits vor mehr als drei Jahrhunderten Menschen, Ware und Wissen in Europa zirkulierten. Vor einigen Jahren hat Philipp Blom diese Geige entdeckt und kommt von ihrem Klang nicht mehr los. Nun hat er ihre Geschichte erforscht. Sie handelt von Migration, von der Lebenswelt der Handwerker, aber auch von Italien und Venedig, der damaligen Hauptstadt der Musik. Die Suche nach dem namenlosen Geigenbauer liefert den Schlüssel zu einer ganzen Epoche – die unserer Gegenwart gar nicht so fremd ist.«

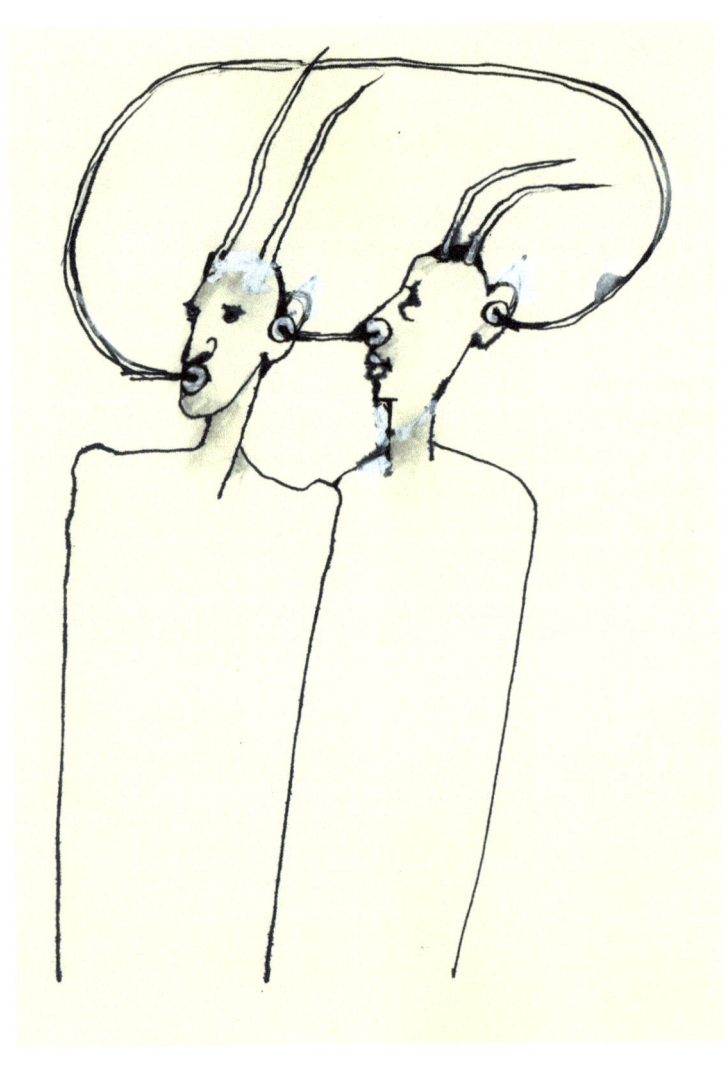

12. Mai 2020

9. Präsidentenbrief

während der coronabedingten

Schließung des RC München

»Kochkunst«

> »Im Reich der Wirklichkeit
> ist man nie so glücklich
> wie im Reich der Gedanken.«
> (Arthur Schopenhauer)

> »Jeder hat sein eigen Glück
> unter den Händen, wie der Künstler
> eine rohe Materie, die er zu einer Gestalt
> umbilden will. Aber es ist mit dieser Kunst
> wie mit allem; nur die Fähigkeit wird uns angeboren,
> sie will gelernt und sorgfältig ausgeübt sein.«
> (Johann Wolfgang von Goethe)

> »Die Küche ist multisensorisch ...
> Sie spricht Auge, Mund, Nase, Ohr und Geist an.
> Keine andere Kunst besitzt diese Komplexität.«
> (Pierre Gagnaire)

Liebe rotarische Freunde,

nach der ersten Lockerung der Ausgehbeschränkungen freuen wir uns, gleichzeitig spüren wir aber umso mehr den Eingriff in unsere Freiheiten. Und doch gewinnen wir etwas. Wenn wir in dieser Zeit ins Freie gehen, haben wir das Gefühl, dass die Vögel lauter zwitschern, das Grün intensiver grünt oder der weiße und lila Flieder, der sich uns entgegenstreckt, lieblicher duftet.

Es ist unwahrscheinlich, dass der durch den Shutdown rückläufige Verkehr und die Einschränkungen der industriellen Produktion innerhalb so kurzer Zeit einen solchen Effekt auf die Natur ausüben. Viel wahrscheinlicher ist es, dass alle unsere Sinne durch die notgedrungene Entschleunigung viel schärfer werden und wir selbst viel achtsamer.

So ging es mir am letzten Wochenende, als ich bei meinen Freunden Hannsjörg Voth und Ingrid Voth-Amslinger im Bauerngarten ihres Anwesens in Unterdietfurt saß. Hannsjörg Voth, neben Andy Goldsworthy, Robert Smithson oder Christo einer der großen Land Art-Künstler, der Ihnen durch mehrere Präsidentenbriefe und den Katalog der Ausstellung in Wuppertal (4. Präsidentenbrief) bereits bekannt ist. Selten hatte ich das Gefühl, dass die Natur so intensiv auf mich einwirkt.

Bei einem köstlichen Spargelessen diskutierten wir über die Künste des Menschen und die Vergänglichkeit.

Das obige Zitat des Ausnahmekochs Pierre Gagnaire zeigt auf, dass die Küche im Gegensatz zu anderen Künsten alle Sinne in gleicher Weise anspricht und daher eine völlig andere Komplexität besitzt.

Jean Anthelme Brillat-Savarin, Richter, ab 1789 Mitglied für den

Im Garten von Hannsjörg Voth und Ingrid Voth-Amslinger (Foto A. Ehlers)

Dritten Stand in der Versammlung der Generalstände, Schriftsteller und einer der bedeutendsten Gastrosophen, widmete sich nach dem Staatsstreich und ab 1799 neben seiner Tätigkeit als Richter am Kassationshof vor allen Dingen seiner eigentlichen Leidenschaft – der Kochkunst. Er verfasste mehrere grundlegende Werke, das bedeutendste sicherlich »Physiologie du Goût«, das 1865 ins Deutsche übersetzt wurde (»Physiologie des Geschmacks«). Angeblich soll er an diesem wegweisenden Buch über 25 Jahre gearbeitet haben. In dieser Veröffentlichung geht es nicht nur um das Zubereiten exquisiter Speisen, sondern vor allen Dingen um »sehr geistvolle Theorien zu Tafelfreuden, eine Art Lebenslehre«. Brillat-Savarin ist wohl derjenige, der eine neue Form des Schreibens über das Essen initiierte und darüber hinaus ganz wesentlich zur Weiterentwicklung der Kochkunst in Europa beitrug.

Beim Vorbereiten der Zitate für diesen Präsidentenbrief in meiner Bibliothek stieß ich im Vorwort des erwähnten Werkes von Brillat-Savarin »Physiologie des Geschmacks oder Betrachtung über transzendentale Gastronomie« in einem Druck von 1913 auf ein Vorwort, das uns eine weitere Facette der Bedeutung von Kochkunst und Essen liefert:

»Ich bin nicht nur aus Dankbarkeit, sondern auch aus aufrichtiger Überzeugung gern bereit, die sogenannte Kochkunst allen Ernstes zu den wirklichen Künsten zu rechnen und sie diesen völlig gleichzustellen. Freilich sind die Gebilde der Kochkunst flüchtig. Aber das haben sie mit der Musik gemein. Daß sie aber eine echte Kunst ist, geht noch aus einer besonderen Eigenschaft hervor, die ihr wie allen anderen wahren Künsten eigen ist: man kann ihre Erzeugnisse wiederholt genießen; einmal mit den Sinnen, und dann noch unzählige Male in der Erinnerung.«
(Brillat-Savarin »Physiologie des Geschmacks«, erster Band, 1913, Georg Müller, München, V)

In einem Punkt irrt sich der Autor, denn nicht nur Kochkunst und Musik sind flüchtig, sondern beispielsweise auch Werke der Land Art. Erinnern wir uns an Christos Verhüllung des Reichstags oder die für diesen Herbst (19.09. bis 04.10.2020) geplante Verhüllung des Arc de

Triomphe. Diese Werke überleben nur als Fotografie und in der Erinnerung derjenigen, die diese Werke betrachten durften.

Für alle diese Künste gilt in gleicher Weise, dass die Erinnerung einen entscheidenden Beitrag zum wiederholten Genießen liefert.

Es geht also auch um die Erinnerung an Kochen und Genießen. Die Aktivierung unserer Sinne, das Sehen, Riechen und Schmecken, kann uns über die Erinnerung in alte Zeiten, an geliebte Orte und in die Vergangenheit, beispielsweise zu Großeltern und Eltern, entführen. Die renommierte Kultur- und Literaturwissenschaftlerin, Buchautorin, Professorin für Anglistik und Lehrstuhlinhaberin am Englischen Seminar der Universität Zürich, Elisabeth Bronfen, antwortete in einem Spiegel-Interview auf die Frage des Journalisten (Was hat Kochen mit Erinnern zu tun?):

»Beim Kochen erinnert man sich an Dinge, die man bereits gegessen hat. Aber auch an bestimmte Orte, die man mit einem Geschmack oder Geruch in Verbindung bringt. Wenn man sich an gar nichts erinnert, wird Kochen ein schwieriges Unterfangen.«

Einige Erinnerungen, die ich an meine russische Großmutter Zoë von Kowaljew und meinen Vater habe, haben mit dem Einkauf für das Kochen, der Kunst des Kochens selbst und dem Genießen zu tun. Die Kochkunst war schon immer eine Leidenschaft in unserer Familie, die sich von einer Generation auf die nächste Generation übertragen hat – bis hin zu meinem Sohn Frederik.

»Passend zum Generalthema« wurden bei uns zu Hause sehr häufig russische Speisen zubereitet. So erinnere ich mich an köstlich schmeckende Piroggen, Borschtsch oder auch Paskha zu Ostern. Trotz köstlichen Duftes und exquisiten Geschmackes aber befand meine Großmutter immer wieder mit ihrem leicht baltischen Akzent: »Es ist überhaupt nicht ausjekommen.« Und natürlich war die Speise stets perfekt!

Genauso kümmerte sich unser Vater um unsere »Kochausbildung«, selber ein wunderbarer Koch. Er war der Ansicht, dass nicht nur Frauen, sondern gerade auch in der damaligen Zeit Männer kochen können müssten, um ihre zukünftigen Lieben zu überzeugen. So diskutierten wir am Freitagabend, nachdem er aus der Klinik gekommen war, über die Speisenfolge des nächsten Tages. Und nach der Visite am Samstag gingen wir gemeinsam auf den Markt, damit er uns beibringen konnte, wie man Qualitätsprodukte sieht, auswählt und kauft. Am Nachmittag saßen wir in der Küche, tranken etwas, diskutierten und kochten gemeinsam.

In unserer emanzipierten Welt kochen heute die Männer mit gleicher Leidenschaft wie die Frauen. So erklärt sich fast von selbst, dass die Kochbuchliteratur ungeahnt erfolgreich ist. Heinz Winkler hatte schon vor längerer Zeit für die kochende »Familienzunft« ein Kochbuch »Drei-Sterne-Küche für Zuhause« vorgelegt. Auch dieser Sternekoch erinnert sich an Nahrungsmittel. So schreibt er im zitierten Buch:

»In meiner Heimat, in Südtirol, bin ich mit unverfälschten Nahrungsmitteln aufgewachsen. In meiner Kindheit waren Äpfel, die nach Äpfel schmeckten, selbstverständlich. Fleisch war kernig, der Schinken mindestens ein Jahr lang luftgetrocknet. In den Wäldern gab es Pilze in Hülle und Fülle. Die Beeren waren vielleicht nicht so groß wie heute, dafür war ihr Geschmack intensiver und aromatischer.« (S. 7)

Kochen ist heute in. Und dies gilt nicht erst seit der Pandemie des Coronavirus, obwohl beispielsweise gerade in der jetzigen Zeit der Einkauf auf dem Viktualienmarkt zu einem Highlight wird. Die Restaurants sind geschlossen und wir dürfen und müssen uns mit dem Kochen zu Hause intensiver auseinandersetzen. Dass sich die ganze Familie hierfür interessiert, war nicht immer so. Noch im vorigen und insbesondere im vorvorigen Jahrhundert war das Kochen fast ausschließlich Frauensache. Mit der Emanzipation der Frauen und dem Kampf der Suffragetten Anfang des 20. Jahrhunderts hatte die Männerwelt so ihre Schwierigkeiten. Meine mütterliche Urgroßmutter Natalie Ziegelroth aus der im achten Präsidentenbrief erwähnten Familie mosaischen Glaubens, eine der ersten deutschen Ärztinnen, wird auf Fotos fechtend oder auch eine Zigarre rauchend abgebildet. Hierzu fand ich in einem weiteren Kochbuch »Ich kann kochen« im Vorwort »Zum Geleit« Ausführungen, die diese Akzeptanzschwierigkeiten deutlich machen:

»»Ich kann kochen‹ – wie wenige vermögen das reinen Herzens von sich zu sagen? Ja, wer legt heute überhaupt noch Wert darauf, kochen zu können? Denn um die edle Kochkunst ist es heute übel bestellt. Die jungen Damen interessieren sich für alles Mögliche. Sie malen, sie spielen Klavier, sie singen, sie turnen, sie fechten, sie spielen Tennis, sie studieren Medizin, sie laufen in die Sensationsprozesse, sie schlagen sich mit scheußlichen ›Diabolo‹ Löcher in die Köpfe: kurz, für alles haben sie Lust und Zeit. Nur am Kochherd zu stehen: pfui, wie spießig! Wie unmodern! Wie bekommt man da schmutzige Hände! Wie leidet da der Teint!«

(Dr. med. Natalie Ferchland, geb. Ziegelroth)

(»Ich kann kochen«, Berlin und Wien, 1909, Ullstein und Co., S. 5)

Zumindest bei der Kunst des Kochens und des Genießens danach haben sich Mann und Frau in gleicher Weise emanzipiert. Um der Kultur und des Glücks des Moments willen? Der 1934 in Tschechien geborene Alfred Franz Maria Biolek, Jurist, Künstler, Kochbuch- und Fernsehproduzent, der in den 70er-Jahren durch Shows wie »Bio's Bahnhof« bekannt wurde, schreibt in seinem Kochbuch »Meine Rezepte«:

»Von meiner Mutter habe ich zwar nicht das Kochen selbst, aber die Liebe zum Essen und später auch zum Kochen gelernt. Ich glaube, ich habe auch etwas vor ihr geerbt: Die Fähigkeit, Geschmack zu erahnen und dann eine Speise, besonders eine Sauce, so zuzubereiten beziehungsweise so abzuschmecken, zu verfeinern oder zu verändern, daß sie diesem Geschmack entspricht. Wenn mir das ganz gelingt, dann stellen sich jene raren Glücksmomente des Kochens ein, die alle Mühen und alle Arbeit rechtfertigen.«
(Alfred Biolek, »Meine Rezepte«, München, 1995, S. 8)

Und wenn uns in der »Gefangenschaft von Corona« das Glück durch eigenes Kochen zu viel wird, es hat sich ein neuer Versorgungsweg etabliert. Die Digitalisierung erlaubt es, da die Restaurants geschlossen sind. Um es in »Neu-Deutsch« zu formulieren, »Take-Away«, »Delivery« oder ganz simpel Lieferservice machen es möglich. So berichtet der FOCUS in seiner Ausgabe 19/2020 über unseren Münchner Zwei-Sterne-Koch Tohru Nakamura, der Street-Food wie in Tokio liefert. Statt im Münchner Zwei-Sterne-Restaurant »Werneckhof bei Geisel« kocht der Deutsch-Japaner zum Abholen. Oder auch der Sterne-Italiener »Acquarello« informierte kürzlich über »Acquarello Take-Away«. Aber es muss dabei nicht nur die Sterneküche sein. Viele Restaurants kämpfen ums Überleben und liefern nach Hause. Wir sollten uns auch darauf einlassen, um den Restaurants zu helfen und uns selbst Glück zu bescheren.

Wie jede Woche setzt die Metropolitan Opera ihre Nightly Opera Streamings fort. Siehe hierzu: https://www.metopera.org/user-information/nightly-met-opera-streams/

Montag, 11. Mai, Massenets *Werther*
Dienstag, 12. Mai, Thomas Adès' *The Tempest*
Mittwoch, 13. Mai, Strauss' *Ariadne auf Naxos*
Donnerstag, 14. Mai, Brittens *Peter Grimes*
Freitag, 15. Mai, Donizettis *Lucia di Lammermoor*
Samstag, 16. Mai, Verdis *Rigoletto*
Sonntag, 17. Mai, Verdis *Nabucco*

So verbleibt mir an dieser Stelle noch, Ihnen eine genuß- und erinnerungsreiche Woche zu wünschen, bleiben Sie gesund, mit besten rotarischen Grüßen

Alexander P. F. Ehlers
Präsident

Buchempfehlung

An dieser Stelle möchte ich den rotarischen Freunden nochmals danken, die mir immer wieder schreiben und Hinweise und Tipps geben. So gilt mein Dank an dieser Stelle heute besonders Freund Hömberg, der mich in seiner E-Mail vom 06. Mai 2020 auf die vergangene Woche – zwischen dem Tag der Pressefreiheit am 03. Mai und dem Tag der Bücherverbrennung am 10. Mai, die im Zeichen der Meinungsfreiheit stand, – aufmerksam gemacht hatte.

»Vor einigen Tagen ist nun im Reclam Verlag ein Buch über ›Journalisten als Wegbereiter der Pressefreiheit und Demokratie‹ erschienen. In 60 Porträts und Kurzessays erzählt der Band, der von Michael Haller und mir herausgegeben wurde, vom Kampf um die informationsoffene Gesellschaft.«

Auch Puschkin und Alexander Herzen sind hier als Publizisten gewürdigt.

Michael Haller / Walter Hömberg
»Ich lass mir den Mund nicht verbieten! Journalisten als Wegbereiter der Pressefreiheit und Demokratie«
Reclam, 2020

Und zum Thema passend:

Josef Wechsberg
»Forelle blau und schwarze Trüffeln: Die Wanderung eines Epikureers«
Heimeran, München, 1979

Über dieses Buch schreibt beispielsweise die *Berliner Morgenpost*:
»Für alle, die nur essen, um den Leib zu erhalten, ist dieses Buch nichts. Auch allen denjenigen, die nur gerne essen, ist dieses Buch nicht unbedingt zu empfehlen. Es erschließt sich richtig erst jenen, denen der Himmel Luculls jenseits von Schnitzel und Brathähnchen aufleuchtete, denen der Duft eines sanften Margaux-Weins aufregender ist als das Parfum von Zsa Zsa Gabor ...«

19. Mai 2020

10. Präsidentenbrief

während der coronabedingten

Schließung des RC München

»Laufen«

> »*Es ist nicht von Bedeutung, wie langsam du gehst, solange du nicht stehen bleibst.*«
> (Konfuzius)

> »*Wir laufen, nicht, weil wir denken es tut uns gut, sondern weil wir es mögen. Je mehr wir von der Gesellschaft und der Arbeit eingeschränkt werden, desto mehr benötigen wir diese Ablenkung, wo wir unsere Sehnsucht nach Freiheit stillen können. Niemand kann uns sagen nicht schnell zu laufen, als derjenige oder nicht höher zu springen als diejenige. Der menschliche Geist ist unzähmbar.*«
> (Roger Bannister)

> »*Vor allen Dingen, die ich mir im Laufe meines Lebens zur Gewohnheit gemacht habe, ist das Laufen die hilfreichste und sinnvollste, das muss ich zugeben.*«
> (Haruki Murakami)

> »*Vor allem verliere ich nie die Lust am Gehen. Ich gehe jeden Tag zu meinem Wohlbefinden und entferne mich so jeder Krankheit. Ich habe mir meine besten Gedanken ergangen, und ich kenne keinen noch so großen Kummer, den man nicht weggehen kann.*«
> (Søren Kierkegaard)

Liebe rotarische Freunde,

vier Zitate resp. Sprüche zu Beginn des 10. Präsidentenbriefes. In allen Sprüchen geht es um Laufen und Sport – das Thema heute. Sie werden sich vielleicht fragen, ob gerade bei diesem Thema zur Einleitung so viele Sprüche erforderlich sind. Ist denn Laufen und Sport überhaupt ein Thema für den Präsidentenbrief in der Coronakrise?

Seit mehreren Jahrzehnten schnüre ich morgens meine Laufschuhe und jogge bei jedem Wetter in der Natur oder auch bei Dienstreisen durch mehr oder weniger bekannte Städte. Es gehört für mich beinahe wie das tägliche Zähneputzen zum normalen Tagesablauf.

Im coronabedingten Shutdown fiel mir plötzlich auf, dass mir auf meinen Laufstrecken immer mehr Menschen begegneten, die ich noch nie gesehen hatte. Eigentlich kennt man seine Mitläufer, wenn man zur gleichen Zeit morgens draußen ist. Immer mehr Menschen haben in dieser Zeit das Laufen für sich entdeckt, selbst wenn sie vorher vielleicht eher im Sinne des fälschlicherweise Churchill zugesprochenen Spruchs »No sports« den Sport eher vernachlässigten.

Angeblich soll Winston Churchill einem Reporter auf die Frage, wie er es geschafft habe, als passionierter Zigarrenraucher, Whiskey- und Champagner-Trinker ein so hohes Alter erreicht zu haben, geantwortet haben: »No sports«. Von Sportgegnern wird dieses Zitat häufig verwendet, ist jedoch nicht belegt. Darüber hinaus war Churchill ein ausgezeichneter Fechter, Schütze, und als Reiter und Polo-Spieler sportlich aktiv, wie man seiner Autobiografie von 1930 »My Early Life« entnehmen kann.

Zurück zu den vielen neuen Läufern, die mir in der derzeitigen Krise auf meinen Morgenläufen begegnen. Im oben aufgeführten Zitat von Sir Roger Gilbert Bannister verdeutlicht der britische Mittelstreckenläufer und Neurologe sehr klar, worum es geht. Sir Roger Bannister war erfolgreicher Neurologe und vor allen Dingen der erste Mensch, dem es gelang, am 06. Mai 1954 die Englische Meile in einer Zeit von 3:58:08 Minuten zu laufen. Auch während seiner Karriere als Neurologe blieb er dem Sport in vielen Funktionen erhalten. So war er Vorsitzender des *Sport Counsel of Great Britain* und Präsident des *Weltrats für Sportwissenschaft und Leibes-/Körpererziehung*. In seiner Analyse, warum wir laufen, betont er, dass »je mehr wir von der Gesellschaft und der Arbeit eingeschränkt werden, desto mehr benötigen wir diese Ablenkung, wo wir unsere Sehnsucht nach Freiheit stillen können«. Und dies beobachten wir derzeit täglich.

So war mir das Thema Laufen oder, wenn man es weiterfasst, Sport, quasi in den Schoß gefallen. Dennoch ein etwas sperriges Thema, wie Haruki Murakami in seinem Bestseller »Wovon ich rede, wenn ich vom Laufen rede« im Vorwort beschreibt:

»Vor zehn Jahren hatte ich zum ersten Mal die Idee, ein Buch über das Laufen zu schreiben. Ich probierte hin und her, und es verging viel Zeit, ohne dass ich tatsächlich etwas zu Papier brachte. Das Thema *Laufen* an sich ist etwas schwammig, und es fiel mir schwer zu bestimmen, worüber ich eigentlich genau schreiben wollte.« (S. 8)

Die Ursprünge des Sports, ohne jetzt an dieser Stelle größere Ausführungen über die Historie von Sport machen zu wollen, liegen im Altertum. Das moderne sportliche Denken allerdings beginnt erst mit dem rationellen Denken der Renaissance. So setzte sich das »moderne Denken« in der Ausformulierung eines Regelwerkes durch oder zeigte sich in der Anwendung der Naturwissenschaften und der Mathematik auf den Sport. Der Begriff Sport selbst entlehnt sich dem lateinischen Wort *disportare,* was so viel heißt wie »sich zerstreuen«. Damit finden wir bereits eine Erklärung für meine Beobachtung in der Krise. Es geht um das Entkommen aus den Einschränkungen, die Zerstreuung im weitesten Sinne und sicherlich auch die Erkenntnis des Gesundheitseffektes durch Sport.

Ursprünglich konnte sich der Sport in England in den Public Schools und in den im 17. Jahrhundert entstandenen Clubs institutionalisieren. So war Sporttreiben von einer Exklusivität geprägt und eine »elitären Bürger- und Adelsschicht« vorbehalten. Selbst noch Anfang des 20. Jahrhunderts stellte der österreichische Sportschriftsteller Michelangelo von Zois fest, dass bis in die 1870er-Jahre hinein, »anders als in England, auf dem europäischen Kontinent unter Sport lediglich Pferderennen, die Jagd und Rudern verstanden« wurde:

»… Männer, die von England kamen, wussten den staunenden Freunden zu erzählen, dass die Leute über den Kanal, so vernünftig sie sonst auch seien, doch recht kindlichen Vergnügungen huldigen. So unterhalten sich junge Leute, einen Lederball auf einer Wiese herumzustoßen, andere wieder schlugen mit einer Art Praker (Teppichklopfer) den Ball über ein Netz und so weiter, und dieser Wahnsinn locke Zuschauer in jeder Menge herbei. Darunter gebe es Leute in Amt und Würden – die es manchmal sogar nicht verschmähen, selbst mitzutun.«
(Michelangelo von Zois, »Das Training des Rennfahrers«, Berlin, 1908, S. 7)

Erst in den 80er- und 90er-Jahren des vorigen Jahrhunderts entstand zunehmend ein kommerzialisierter Freizeit- und Sportmarkt, der sich insbesondere auch beim Marathonlauf nachweisen lässt.

Die ersten Veröffentlichungen bezüglich der Kollateralschäden durch die sogenannten Shutdown-Maßnahmen zeigen einen Anstieg von psychischen Dekompensationen bis hin zu Depression, oder auch die Zunahme von häuslicher Gewalt und Kindesmisshandlungen. Freund Möller berichtete hierüber in einem der letzten Web-Meetings. Um derartigen Entwicklungen vorzubeugen, sind unter anderem Sport und insbesondere Laufen Möglichkeiten, die Resilienz zu stärken.

Körperliche Aktivität verbessert die Stimmung und dies ist lückenlos durch viele Studien belegt. Eine Studie am *American College of Sports and Medicine* ergab, dass dieser Effekt weitaus länger anhält, als bisher angenommen. Die Studie resümierte, dass Bewegung beispielsweise bei psychischen Erkrankungen ebenso eine wertvolle, begleitende Therapiemaßnahme sein kann. Dabei sind Höchstleistungen keinesfalls erforderlich. Moderate körperliche Belastung sollte zur täglichen Gewohnheit werden. Dabei zeigten sich 30 Minuten an fünf Tagen ausreichend, um die Effekte auf die Stimmung bis hin zu leichter Hilfe bei Depression zu erreichen.

Diese Ergebnisse werden zum einen durch die biochemischen Prozesse im Körper erreicht, zum anderen hilft Bewegung auch im wahrsten Sinne des Wortes, den Kopf frei zu bekommen. Es sind letztendlich viele Effekte, die regelmäßiger moderater Sport mit sich bringt. Der präventive Charakter von Sport, Stressabbau, Stärkung der Resilienz, Stimmungsverbesserung und vieles mehr gehören hierzu.

Die Einschränkungen, die wir durch die Corona-Pandemie derzeit erleiden, öffnen uns aber gleichzeitig freie Zeiträume. Diese könnten wir nutzen ganz im Sinne des ursprünglich etwas anders gemeinten Sprichworts von Churchill »Never waste a good crisis«. Wir könnten die Krise auch für derartige Bewegungsaktivitäten nutzen.

Vielleicht mag der eine oder andere Freund der Ansicht sein, dass man in etwas fortgeschrittenem Alter doch nicht mehr mit derlei sportlichen Betätigung beginnen könnte. Dem würde ich gerne mit den Worten von Konfuzius »Es ist nicht von Bedeutung, wie langsam du gehst, solange du nicht stehen bleibst« widersprechen.

Der dänische Philosoph, Essayist, Theologe und religiöse Schriftsteller Søren Aabye Kierkegaard formulierte bereits im vorvorigen Jahrhundert, dass er nie die Lust am Gehen verlieren würde. »Ich gehe jeden Tag zu meinem Wohlbefinden und entferne mich so jeder Krankheit. Ich habe mir meine besten Gedanken ergangen, und ich kenne keinen noch so großen Kummer, den man nicht weggehen kann.«

Es ist also nie zu spät, sich dieses Instruments für Wohlbefinden, Stärkung der Widerstandskraft und Gesundheit zu bedienen. So wurde Ruth Rothfarb zu einer Ikone, erst im Alter von 67 begann sie zu laufen, um dann auch mit 80 Jahren und älter noch Marathonläufe zu absolvieren. Von der Presse gefragt, warum sie mit dem Laufen begonnen habe, antwortete sie: »Ich fing mit 72 Jahren an zu laufen, weil ich die langweiligen Gespräche über Beerdigungen leid war.« Und noch ein weiterer älterer Herr hat es im hohen Alter auf fast alle Titelblätter der Tageszeitungen weltweit gebracht – Fauja Singh, der am 01. April 1911 im Punjab geboren wurde, zog erst im Alter von 81 Jahren nach Großbritannien zu seinen Kindern. Neben der Tatsache, dass er dort wieder berufstätig wurde, da ihm das Rentenalter zu langweilig schien, absolvierte er im Alter von 89 Jahren seinen ersten Marathon im Jahre 2000 in London. Es folgten weitere Charity-Läufe und er gilt als erster Hundertjähriger, der einen Marathon absolvierte.

Ein weiterer Lauf war beispielsweise 2003 der Toronto Waterfront Marathon, den Singh in seiner Altersklasse M90 (über 90 Jahre) mit einem Weltrekord in 5:40:04 Stunden aufstellte. Beim Nightrun 2010 in

Luxemburg lief er den Halbmarathon in 3:32:30 Stunden und war am Ziel mit 99 Jahren der bisher älteste Halbmarathon-Finisher. Insgesamt absolvierte Singh in seinem Alter rund 15 Marathon- und Halbmarathonläufe. Ein unglaubliches Vorbild und ein wunderbarer Ansporn.

Immer wieder habe ich in den Briefen über die kostenfreien Streaming-Dienste der Metropolitan Opera berichtet. Inzwischen bieten derartige Streaming Dienste fast alle europäischen und amerikanischen Häuser an. Dies reicht von der Wiener Staatsoper über die Scala bis hin zur Metropolitan Opera oder dem Nationaltheater in Tokio. Ein Blick ins Internet lohnt sich auf jeden Fall. Hier der Link:
https://operawire.com/a-comprehensive-list-of-all-opera-companies-offering-free-streaming-services-right-now/

In diesem Sinne wünsche ich Ihnen eine »bewegte Woche« mit viel Freude, bleiben Sie gesund,
mit herzlichen rotarischen Grüßen

Alexander P. F. Ehlers
Präsident

Buchempfehlung
Haruki Murakami
»Wovon ich rede, wenn ich vom Laufen rede«
Dumont, Köln, 2008

»Zwei Leidenschaften bestimmen Haruki Murakamis Leben: Schreiben und Laufen. Eines verbindet beide Tätigkeiten – ihre Intensität. Für Haruki Murakami bedeutet das Laufen ein zweites Leben, in dem er sich Kraft, Inspiration, vor allem aber die Zähigkeit zum Schreiben holt.
Der Einfall und Entschluss, Romanautor zu werden, kam ihm beim Sport. Das Sitzen am Schreibtisch gleicht er durch Laufen aus. Nach langsamen ersten Schritten hat er sich in den vergangenen dreißig Jahren professionalisiert: Längst sind zu den jährlichen Marathons auch Triathlon und Ultralanglauf von 100 Kilometern hinzugekommen.

Haruki Murakami erzählt eindringlich und komisch von seinen Frustrationen und vom Kampf gegen das stets lauernde Versagen und wie er es überwindet. Denn für ihn bleibt das Laufen ein großes, wortloses Glück.«

Haruki Murakami ist der gefeiertste und mit höchsten japanischen Literaturpreisen ausgezeichnete Autor zahlreicher Romane und Erzählungen. 2006 wurde ihm der Franz-Kafka-Preis verliehen.

György Dalos
»Der letzte Zar: Der Untergang des Hauses Romanow«
C. H. Beck, München, 2017

»»Was? Wie?« fragte der Zar – und instinktiv schützte er mit einer Hand die Zarin, mit der anderen den Zarewitsch. Dann wurde das Feuer eröffnet. Jekaterinburg, 17. Juli 1918, zwei Uhr morgens.

György Dalos – einer der international profiliertesten Publizisten auf dem Gebiet osteuropäischer Geschichte – entwirft ein beklemmendes Panorama vom Untergang des Hauses Romanow und erhellt kenntnisreich die vielfältigen Gründe für das Scheitern des letzten Zaren.«

György Dalos ist freier Autor, Historiker und Osteuropa-Spezialist. 1995 wurde er mit dem Adelbert-von-Chamisso-Preis ausgezeichnet. 2010 erhielt er den Leipziger Buchpreis zur Europäischen Verständigung.

26. Mai 2020

11. Präsidentenbrief während der coronabedingten Schließung des RC München

»Muße«

> »Jede Zeit ist umso kürzer, je glücklicher man ist.«
> *(Plinius)*
>
> »Es ist nicht wenig Zeit, was wir haben, sondern es ist viel, was wir nicht nützen.«
> *(Seneca)*
>
> »Die meisten Menschen sind so glücklich, wie sie es sich selbst vorgenommen haben.«
> *(Abraham Lincoln)*

Liebe rotarische Freunde,

ZEIT Online berichtete vor wenigen Wochen, dass trotz der Verdreifachung der Lebenserwartung in den vergangenen Jahrtausenden jeder dritte Deutsche meine, zu wenig Zeit zu haben. Sogar vier von fünf Kindern gehe es ebenso. Jeder habe Angst, »die wirklich wichtigen Dinge zu vernachlässigen. Freunde, Partner oder Hobbys etwa«. Sanford DeVoe, Professor an der kanadischen Rotman School of Management, schrieb in einer Studie, dass »derjenige, der Zeit als monetäres Gut sehe, blind werde für die schönen Dinge des Lebens«. »Dadurch ignorieren Menschen Erfahrungen und Erlebnisse, die ihnen eigentlich Spaß bereiten. Ständig befürchten sie, Zeit vermeintlich zu verschwenden, und machen sich letztlich selber unglücklich – und ihre Mitmenschen gleich mit.«

Nur einige Wochen nachdem Bayern und das Saarland als erste Bundesländer am 20. März Ausgangsbeschränkungen für die Bürger verhängt hatten, berichteten Presse, Funk und Fernsehen über die sich ausbreitende Langeweile bei den Bürgern im Home-Office und Zuhause, über Verzweiflung, Frustration und Aggression. Stern, Deutschlandfunk und viele andere Medien geben – wie bei Kochrezepten – Tipps: »Nicht nur für Singles, die alleine leben, werden die nächsten Wochen zur reinsten Geduldsprobe. Auch Paare und Familien können einen Lagerkoller bekommen, wenn sie nichts und niemanden als immer nur die gleichen Menschen in den gleichen vier Wänden sehen. Um der bevorstehenden und anhaltenden Langeweile entgegenzuwirken, finden Sie … eine Vielzahl kreativer Tipps für Erwachsene.« (Stern, 17. Mai 2020)

Weltweit müssen die Menschen soziale Kontakte einschränken. Noch vor wenigen Tagen waren sie gänzlich verboten, sofern es sich nicht um die eigene Familie handelte. Trotz der inzwischen in Deutschland eingeleiteten Lockerungen der Ausgehbeschränkungen und der Wiedereröffnung von Restaurants und Biergärten wurde die Umarmung eines Freundes durch einen deutschlandweit bekannten Politiker zu einem Politikum. Häusliche Isolation, die Begrenzung sozialer Kontakte, das Herunterfahren des gesamten kulturellen Lebens wie die Schließung von Museen, Opernhäusern oder auch Kinos haben dazu geführt, dass wir mehr »freie Zeit« haben. Doch wie nutzen wir diese »Freizeit«? Gebrauchen wir die Freiräume wirklich in einer Art und Weise, die uns glücklich macht und damit die Zeit verkürzt, so wie Plinius in seinen Briefen ausführt?

Sicherlich darf nicht übersehen werden, dass die durch das Virus erforderliche Isolation zu Hause, die Schließung von Schulen und Kitas und auch das Arbeiten im Home-Office die gewonnenen Freiräume und die Freizeit in gewissem Umfang wieder einschränken und eine besondere Belastung darstellen können.

Etwas einfach macht es sich die Augsburger Allgemeine, wenn im Artikel »Kreativ und einfach. Corona-Blues: 10 Tipps gegen die Langeweile« berichtet wird: »Wann haben Sie sich das letzte Mal gelangweilt. Ist wahrscheinlich eine Ewigkeit her. Was man eigentlich nur noch aus den verregneten Tagen der Kindheit kennt, ist in Zeiten der Corona-Krise wieder präsent ... Hier sind unsere 10 ultimativen Tipps gegen Langeweile zuhause.« Und dann werden Ratschläge gegen den Corona-Blues gegeben, die vielleicht kurzfristig helfen mögen, aber weder den Kern der Herausforderung treffen noch die besondere Situation als Chance begreifen.

Wenn wir die Krise als eine Chance begreifen und es richtig anstellen, dann wird uns Muße geschenkt. Müßiggang bezeichnet »das Aufsuchen der Muße, das entspannte und von Pflichten freie Ausleben, nicht die Erholung von besonderen Stresssituationen oder körperlichen Belastungen«. Umgangssprachlich besitzt Müßiggang hingegen eine negative Betonung. Der im 10. Präsidentenbrief bereits zitierte dänische Philosoph und Autor Søren Kierkegaard äußerte sich mit Blick auf den Müßiggang:

»An sich ist Müßiggang durchaus nicht eine Wurzel allen Übels, sondern im Gegenteil ein geradezu göttliches Leben, solange man sich nicht langweilt.«

Was ist also die Muße, die wir durch Corona »geschenkt« bekommen und die wir sinnvoll nutzen sollten? Wikipedia definiert Muße als »die Zeit, die eine Person nach eigenem Wunsch nutzen kann«. Muße selbst ist von dem althochdeutschen Wort »muoza« abgeleitet und heißt so viel wie Gelegenheit oder Möglichkeit. Bereits in der Antike finden wir die schöpferische Muße und die meisten von uns werden sich an den Latein-Unterricht und die Wörter otium resp. negotium erinnern. Übersetzt wird es mit Muße, Freizeit, die freie Zeit, Privatleben, Ruhe oder auch Verzögerung und Langsamkeit. Auf Cicero geht der Begriff »otium cum dignitate« zurück, was sich mit »wissenschaftlicher und philosophischer Betätigung verbrachte ›würdevolle Muße‹ in Zurückgezogenheit« übersetzen lässt.

Nach der kritischen Einstellung zur Muße im Mittelalter wird sie heute als bedeutsam zur Gesundheitsförderung angesehen. Ein Schlagwort ist sicherlich »quality time«. Auch ist die Muße seit Jahren Gegenstand der Forschung und wird als erforderlich für ein ausgeglichenes und gesundes Leben betrachtet.

Im Gegensatz hierzu ist die in Folge der Corona-Krise stärker thematisierte Langeweile das unangenehme Gefühl, das sich durch das erzwungene Nichtstun ergibt. Philosophie, Kulturwissenschaft, Psychologie, Medizin und Pädagogik haben sich dieser Thematik gewidmet. Martin Heidegger behandelte 1929 in seiner Antrittsvorlesung die Langeweile »als ein Sich-Befinden des Seienden im Ganzen, das an sich nie absolut zu erfassen sei«. Und der 1623 geborene französische Mathematiker, Physiker, Literat und Philosoph Blaise Pascal beschrieb die Langeweile wie folgt:

»Nichts ist so unerträglich für den Menschen, als sich in einer vollkommenen Ruhe zu befinden, ohne Leidenschaft, ohne Geschäfte, ohne Zerstreuung, ohne Beschäftigung. Er wird dann sein Nichts fühlen, seine Preisgegebenheit, seine Unzulänglichkeit, seine Abhängigkeit, seine Ohnmacht, seine Leere. Unaufhörlich wird aus dem Grund seiner Seele der Ennui aufsteigen, die Schwärze, die Traurigkeit, der Kummer, der Verzicht, die Verzweiflung.«

Langeweile könne in einer existentiellen Form die Frage nach dem Lebenssinn berühren, wie Elisabeth Prammer anmerkt. Damit wären wir dann wieder bei dem Vortragsthema von Freund Walter in der letzten Woche »Was ist der Sinn des Lebens?«.

Um negative Konsequenzen der sich durch die Corona-Maßnahmen ergebenden Freizeit zu vermeiden, müssen wir diese Freiräume im Sinne von Muße begreifen. So Seneca in seinen Abhandlungen: »Es ist nicht wenig Zeit, die wir haben, sondern es ist viel, was wir nicht nützen.«

Es geht um die Beschäftigung zum eigenen Vergnügen und zur Entspannung. Dies kann gleichzeitig zum eigenen Selbstbild beitragen, also zu einem Teil der Identität werden: Hobby. Und die Ableitung vom englischen »hobby horse« (Steckenpferd) macht durch beide Bedeutungen, nämlich Kinderspielzeug und Freizeitbeschäftigung, deutlich, worum es geht. »Das hölzerne Steckenpferd trägt seinen Reiter nirgendwohin, weil es in den Händen gehalten wird, entsprechend erwirtschaftet das Hobby kein Einkommen und ist kein Beruf.« So passen die Ratschläge von Freund Walter am Ende seines Vortrages, was zu tun sei, um dem Leben einen Sinn zu geben. Und es liegt an uns, wie glücklich wir sind und wie weit wir es uns selbst vorgenommen haben, wie Abraham Lincoln feststellte.

Ein wunderbares Beispiel hierfür fand ich vor wenigen Tagen am Friedensengel. Eine junge Ballettänzerin tanzte unterhalb des Friedensengels. Im Gespräch mit mir erläuterte sie, dass sie zum Bayerischen Staatsballett gehöre, aber ein Training derzeit unmöglich sei. Und um nicht traurig zu werden, tanzte sie eben in der freien Natur und an den Orten, die sich ihr hierfür anbieten würden.

In diesem Sinne wünsche ich Ihnen eine glückliche Woche mit Muße, bleiben Sie gesund, mit herzlichen rotarischen Grüßen

(Foto A. Ehlers)

Alexander P. F. Ehlers
Präsident

Buchempfehlung
Sten Nadolny
»**Die Entdeckung der Langsamkeit**«
R. Piper, München, 1983

»›Die Entdeckung der Langsamkeit‹ ist auf den ersten Blick zugleich ein Seefahrerroman, ein Roman über das Abenteuer und die Sehnsucht danach und ein Entwicklungsroman. Doch hat Sten Nadolny die Biografie des englischen Seefahrers und Nordpolforschers John Franklin (1786–1847) so umgeschrieben, daß dieser Lebenslauf eine neue, über die Zeit hinausreichende Bedeutung erhält. Wie bei einem Palimpsest erscheint hinter den Sätzen eine andere Schrift, hinter der Prägnanz und Redlichkeit der Aufklärung verbergen sich Humor und Traurigkeit der Romantik.«

»Stan Nadolny, geboren 1942 in Zehdenick an der Havel, aufgewachsen in Oberbayern, lebt seit 1967 in Berlin. Er studierte Geschichte, promovierte mit einer Arbeit über Abrüstungsverhandlungen in der Weimarer Republik und war einige Zeit Geschichtslehrer. Seit 1977 ist er beim Film tätig. 1981 erschien sein erstes Buch ›Netzkarte‹. Für das 5. Kapitel des damals noch unfertigen Romans ›Die Entdeckung der Langsamkeit‹ erhielt er 1980 den Ingeborg-Bachmann-Preis der Stadt Klagenfurt.«

02. Juni 2020

12. Präsidentenbrief

während der coronabedingten Schließung des RC München

»Neue Normalität«

»*Das Sichere ist nicht sicher.
So, wie es ist, bleibt es nicht.*«
(Bertolt Brecht)

»*Die Normalität ist eine gepflasterte Straße;
man kann darauf gehen –
doch es wachsen keine Blumen auf ihr.*«
(Vincent van Gogh)

»*Begegne dem, was auf dich zukommt, nicht mit Angst, sondern mit Hoffnung.*«
(Franz von Sales)

»*Mehr als die Vergangenheit interessiert mich die Zukunft,
denn in ihr gedenke ich zu leben.*«
(Albert Einstein)

Liebe rotarische Freunde,

je weiter das Jahr voranschreitet, je länger die Welt gegen das neuartige Virus ankämpft und je mehr wir alle durch die Lockerungsmaßnahmen nach dem sogenannten Shutdown wieder die Luft der Freiheit spüren, desto intensiver wird eine Frage gestellt: Wann erreichen wir die uns bekannte »Normalität« wieder? Selbst Bundeskanzlerin Merkel sprach in Interviews immer wieder von den kleinen Schritten zurück in die Normalität.

Wir Menschen hoffen stets darauf, dass alles so bleibt wie es ist. Wikipedia umschreibt dies mit dem Begriff »Komfortzone« – »der individuelle Bereich des privaten oder gesellschaftlichen Lebens, der durch Bequemlichkeit und Risikofreiheit geprägt ist«. Oder nach der Psychiaterin Judith Bardwick ist Komfortzone der »angst-neutrale Verhaltenszustand einer Person«. Und diesen Zustand wollen wir möglichst nicht verlieren. Aber ein kleines Virus hat uns, so wie Brecht es beschreibt, gezeigt, dass nichts sicher ist und nichts so bleibt, wie es ist.

Die Welt hat in den letzten Jahrzehnten etliche Krisen durchgemacht. Erinnern wir uns an Kriege, Hungersnöte, Migrations-, Flüchtlings- und Finanzkrise oder Umweltkatastrophen.

Dennoch haben Technikhype, Digitalisierung, Globalisierung mit differenzierten Liefer- und Wertschöpfungsketten, enorme Fortschritte in der Medizin und unbegrenztes Reisen zumindest in der westlichen Welt bei vielen den Eindruck erweckt oder auch das Gefühl entstehen lassen, dass alles machbar ist und alles erreicht werden kann. Max Frisch setzt sich in seinem Bestseller »Homo faber« hiermit auseinander. Aber plötzlich müssen wir Menschen erkennen, auf welchem dünnen Eis der Sicherheit wir uns bewegen. Innerhalb kürzester Zeit hat der SARS-CoV-2-Erreger unsere Welt und die von uns erfahrenen Lebenswirklichkeiten komplett verändert. Plötzlich machen wir alle eine Erfahrung, die unsere Vorfahren in den Jahrhunderten der großen Pandemien wie die der Pest stets in sich getragen haben. Selbst unser durchorganisiertes Leben, abgesichert durch eine Medizin, deren Erkenntnisse sich innerhalb von zwei bis vier Jahren verdoppeln, ist gefährdet. Wir haben erfahren müssen, dass der Mensch aus vollkommener Gesundheit heraus erkranken kann und stirbt – innerhalb von wenigen Tagen.

Landesbischof Heinrich Bedford-Strohm schreibt in der Frankfurter Allgemeine Zeitung vom 25. Mai 2020 (S. 6):

»Die Corona-Krise zwingt uns zu der Einsicht, dass auch unser modernes Leben gefährdet und bedroht ist von Kräften, die stärker sind als all unsere medizinische Kompetenz und unser vieles Geld.«

Unter dem Titel »Das Virus als Wegmarke« zitiert er den Satz aus Psalm 90 »Lehre uns bedenken, dass wir sterben müssen, auf dass wir klug werden«.

Bereits im ersten Buch der gesammelten Vorträge des Rotary Jahres 2014/15 setzten wir uns mit diesen Fragen im Grenzbereich menschlichen Seins – Mensch/Gott und Leben/Tod – auseinander. So schrieb ich im Vorwort: »Die Grenzbereiche menschlichen Seins, die Schnittstelle oder auch Beziehung zwischen Mensch und Gott sowie Leben und Tod beeinflussen unser Denken, unser Fühlen und unser Kommunizieren im weitesten Sinne seit Anbeginn des Menschen. Die Auseinandersetzung mit diesen essenziellen Fragen beschäftigt den Musiker wie den Maler, den Autor wie den Philosophen, den Arzt – es beschäftigt uns.« (S. 6–7)

Das Carpe diem des römischen Dichters Horaz greift die Thematik ebenso auf wie beispielsweise das Memento mori.

Gefährdung des Lebens und Begrenztheit desselben – dies sollte uns nicht in Verzweiflung stürzen. So betont Bedford-Strohm im oben erwähnten Beitrag:

»In christlicher Perspektive kommen hier geistliche Dimensionen wie Demut und Akzeptanz, Ergebung und Annahme ins Spiel – ambivalente Begriffe, weil sie auch missbraucht werden können. Aber sie haben von Haus aus gar nichts mit Schicksalsergebenheit oder unkritischem Verhalten zu tun, sondern mit dem Mut, seine Grenzen zu erkennen, um seine Gefährdung zu wissen und dennoch aus Zuversicht und Hoffnung zu leben.«

In diese Richtung weist auch der Spruch von Franz von Sales (»Begegne dem, was auf dich zukommt, nicht mit Angst, sondern mit Hoffnung«). Franz von Sales (1567–1622), Bischof von Genf / Annecy, Ordensgründer, Kirchenlehrer und Heiliger entwickelte aufgrund einer persönlichen Krise in Paris und seiner diesbezüglich gemachten Erfahrungen ein »positives Gottes- und Menschenbild sowie einen Optimismus«, der sein ganzes Leben bestimmte. »Was auch immer Gott mit ihm vorhabe, es wird gut, weil Gott die Liebe ist.« Ende 1606 gründete er dann die Académie Florimontane, in der die Fragen der modernen Wissenschaften diskutiert und in den Gesamtzusammenhang des christlichen Glaubens gestellt wurden.

Dies geschrieben komme ich auf den Anfang meiner Ausführungen und die Frage nach dem vermeintlichen Rückweg in die Normalität zurück. Nein, die Welt nach der Pandemie wird nicht mehr die gewohnte Normalität sein. Fallen wir in alte Gewohnheiten, Verhaltensweisen und Denkmuster zurück? Oder begreifen wir die Krise als eine Chance? Trauern wir der Vergangenheit in ihrer »Normalität« nach oder interessieren wir uns im Sinne von Albert Einstein für die Zukunft, in der wir leben werden?

Interessant ist in diesem Zusammenhang die Analyse der Auswirkungen der sogenannten Spanischen Grippe von 1918, die zwischen 50 und 100 Millionen Tote kostete, auf Gesellschaft, Politik und Kultur. Siehe hierzu die Buchempfehlung »1918 – Die Welt im Fieber«!

Wir werden viele Lektionen aus dieser Pandemie lernen (müssen). Und ich glaube, ich bin hier nicht zu optimistisch, wenn ich mich den Überlegungen des Trend- und Zukunftsforschers Matthias Horx anschließe. Bereits jetzt können wir Veränderungen im Verhalten der Menschen ausmachen. So fallen uns im täglichen Leben, wie mein Bruder Nikolai Ehlers (Präsident RC München-Mitte) formulierte, vermehrt Achtsamkeit, Höflichkeit und Rücksichtnahme auf. Sie sind jetzt wichtiger geworden. »Man hat aber auch den Eindruck, dass Corona-Zeiten das hervorbringen.« An den Rettungsboten der Titanic muss es solche Dinge ebenfalls gegeben haben. So wird berichtet, dass die vier reichsten Männer der Welt – Benjamin Guggenheim, George Widener, John Jacob Astor und Isidor Straus ertranken, weil sie auf den Platz im Rettungsboot verzichteten. Zum Teil jedoch das Gegenteil!

So wird uns aus der Krise das Musizieren der Menschen auf den Balkonen in Italien, die Stärkung der Beziehungen, die Unterstützung von Familien, Nachbarn und Freunden und viele Hilfsprojekte in Erinnerung bleiben. Im Rotary Magazin vom Mai 2020 bestätigt Horx (S. 32), dass wir niemals zu der uns bekannten Normalität zurückkehren werden.

»Es gibt historische Momente, in denen die Zukunft ihre Richtung ändert. Wir nennen sie Bifurkationen. Oder Tiefenkrise. Diese Zeiten sind jetzt.«

Als Trend- und Zukunftsforscher »versetzt er sich in die Zukunft« und analysiert rückblickend die Auswirkungen des Virus. Damit kommt er zu Erkenntnissen, die Mut machen müssen. Für ihn am bedeutsamsten ist die Erkenntnis, dass es nicht die Technik, »sondern die Veränderung sozialer Verhaltensformen« war, die zum Guten geführt hat.

»Dass Menschen trotz radikaler Einschränkungen solidarisch und konstruktiv bleiben konnten, gab den Ausschlag. Die human-soziale Intelligenz hat geholfen. Der große Technikhype ist vorbei. Wir richten unsere Aufmerksamkeiten wieder mehr auf die humanen Fragen: Was ist der Mensch? Was sind wir füreinander?«

Was können wir jetzt schon erkennen? Trotz aller kritischen Betrachtungen zeigt sich, dass unsere Demokratie stark genug ist, solche Krisen zu bewältigen. Trotz massiver Freiheitseinschränkungen haben die Menschen in Deutschland und in vielen anderen Ländern diese akzeptiert, um Leben und Gesundheit gefährdeter Gruppen zu schützen. Gleichzeitig aber findet die Diskussion um die demokratische Legitimation statt. Trotz Fake News und Verschwörungstheorien siegt die Vernunft.

Zudem erkennen wir, dass Hoffnung und gemeinsame gesellschaftliche Verantwortung füreinander Träger der Lösung sind. Des Weiteren hat die kritische Analyse von Globalisierung, Nutzung der Ressourcen dieser Welt und der Umwelt Unterstützung erfahren. Wir haben einmal mehr erkennen müssen, dass wir Menschen in einem »globalen Dorf«

leben, in dem wir alle gemeinsam die Verantwortung für diese einzigartige Welt tragen. Und alleine diese Feststellungen machen Hoffnung auf diese neue Normalität, die dann unsere Zukunft sein wird.

So bleibt mir, Ihnen allen Hoffnung und Zuversicht in der neuen Woche zu wünschen, bleiben Sie gesund,
mit besten rotarischen Grüßen

Alexander P. F. Ehlers
Präsident

Buchempfehlung
Laura Spinney
»1918 – Die Welt im Fieber: Wie die Spanische Grippe die Gesellschaft veränderte«
Carl Hanser Verlag, München, 2020

»Zwischen 50 und 100 Millionen Tote, das ist die verheerende Bilanz der Spanischen Grippe, die im Jahr 1918 rund um den Globus wütete. Binnen weniger Wochen erkrankte ein Drittel der Weltbevölkerung, darunter Mahatma Gandhi, Woodrow Wilson und Franz Kafka. Trotzdem sind die Auswirkungen auf Gesellschaft, Politik und Kultur weitgehend unbekannt. Laura Spinney erzählt erstmals die atemberaubende Geschichte der größten Pandemie der Menschheit und wie sie die Welt veränderte.«
Laura Spinney ist eine preisgekrönte britische Wirtschaftsjournalistin und Romanautorin. Sie schreibt für den *National Geographic*, *Nature* und den *Economist*. 1996 wurde sie mit dem Margaret Rhondda Award für Journalismus ausgezeichnet.

Christof Trepesch, Julia Quandt
»Kunstschätze der Zaren: Meisterwerke aus Schloss Peterhof«
Deutscher Kunstverlag, Augsburg, 2019

»Zar Peter der Große legte 1714 nahe St. Petersburg den Grundstein zu Schloss Peterhof, dem ›russischen Versailles‹, das zwei Jahrhunderte lang als Sommerresidenz der Zaren diente. Während die Schlossbauten im Zweiten Weltkrieg beinahe vollständig zerstört wurden und bis heute aufwendig rekonstruiert werden, gelang es, viele der Kunst- und Ausstattungsgegenstände des Palastkomplexes zu evakuieren. Der Katalog stellt mit zahlreichen Abbildungen und Textbeiträgen die im Augsburger Schaezlerpalais erstmals in Deutschland gezeigte Auswahl von weit über 100 original erhaltenen Objekten russischer und westeuropäischer Provenienz aus Schloss Peterhof vor. Sie umfasst sämtliche Gattungen der Kunst und des Kunsthandwerks und spiegelt damit die höfische Kunst und Wohnkultur des 18. Jahrhunderts wider.«

9. Juni 2020

13. Präsidentenbrief

während der coronabedingten

Schließung des RC München

»Kunst«

»Kunst hat die Aufgabe wachzuhalten, was für uns Menschen so von Bedeutung und notwendig ist.«
(Michelangelo)

»Wenn es eine Freude ist, das Gute zu genießen, ist es eine größere, das Bessere zu empfinden, und in der Kunst ist das Beste gut genug.«
(Johann Wolfgang von Goethe)

»Es gibt Maler, die die Sonne in einen gelben Fleck verwandeln. Es gibt aber andere, die dank ihrer Kunst und Intelligenz einen gelben Fleck in die Sonne verwandeln können.«
(Pablo Picasso)

»Jeder freie Mensch ist kreativ. Da Kreativität einen Künstler ausmacht, folgt: nur wer Künstler ist, ist Mensch. Jeder Mensch ist ein Künstler.«
(Joseph Beuys)

Liebe rotarische Freunde,

viele Wochen waren die Menschen weltweit auf sich selbst zurückgeworfen – zu Hause und im Home-Office. Museen, Theater, Opernhäuser, Kinos und Konzerthäuser – alles geschlossen und für uns nicht zugänglich.

Klaus Weise stellte in seinem Beitrag »Wir brauchen die Kunst!« in ZEIT Online die Frage, »warum es in den Nachrichtensendungen von ARD und ZDF keine Berichterstattung über Theater, Kino, Ausstellungen, Oper und Literatur« gebe. Er verdeutlichte, welchen Impact der Kulturbetrieb auf das gesellschaftliche Leben in Deutschland hat:

»Es gibt in Deutschland jährlich ungefähr 35 Millionen Besucher in 126.000 Theateraufführungen und 9.000 Konzerten. Es gibt rund 140 öffentlich getragene Theater, 220 Privatbühnen, 130 Opern-, Sinfonie- und Kammerorchester, 70 Festspiele, 150 Theater und Spielstätten ohne festes Ensemble, 100 Tournee- und Gastspielbühnen ohne festes Haus plus eine unübersehbare Vielzahl freier Gruppen. Und es gibt gut 110 Millionen Besucher in 6.358 Museen. Es gibt Kinos, Pop-Konzerte, Literaturhäuser, Galerien, Chöre, Laienorchester, Musikschulen, Malkurse, Kunstvereine, es gibt Bibliotheken mit Myriaden von Nutzern, Freunden, Förderern, Sponsoren und, und, und.«

All das war in der Zeit der Pandemie und ist zum Teil immer noch nicht zugänglich resp. möglich. Es gibt Stimmen, die den Shutdown nutzen wollen, die öffentliche Förderung des deutschen Kulturbetriebes einzuschränken – und dies mit den unterschiedlichsten Argumenten. Kulminierend in der Frage »Brauchen wir dies öffentlich gefördert oder gibt es nichts Wichtigeres?«

In der Zeit vor der Corona-Pandemie betrafen aufgrund finanzieller Engpässe von Bund, Land und Gemeinden Sparmaßnahmen der öffentlichen Hand oft Kulturprojekte.

Wer je daran Zweifel hatte, ob wir dies alles und in diesem Umfang so benötigen, dem müssen die Folgen der Shutdown-Maßnahmen deutlich gemacht haben, dass es nur eine Antwort geben kann: Ja, wir brauchen das! Der österreichische Schriftsteller Karl Kraus formulierte hierzu treffend: »Wenn die Sonne der Kultur niedrig steht, werfen selbst Zwerge einen Schatten.«

Wir brauchen Kultur und Kunst wie der Fisch das Wasser zum Leben. Und die Instrumente, die uns die Digitalisierung an die Hand gibt, sind nicht ausreichend. Sie können keinen Ersatz darstellen, sind allenfalls Ergänzung. Auch wir merken das in unseren wöchentlichen rotarischen Web-Meetings immer wieder. Zwar können wir Freunde uns auf dem Bildschirm sehen und miteinander sprechen, aber es ist etwas völlig Anderes, wenn man sich persönlich trifft, die Hand gibt, umarmt, Emotionen und Körpersprache im direkten Kontakt einordnen kann. Die von mir in den Präsidentenbriefen empfohlenen Livestreams der Opernhäuser dieser Welt sind genauso »artifiziell«. Es fehlt das Fluidum.

Nun wurden als erstes die Museen geöffnet, doch haben viele Angst, den ersten Schritt wieder über die Schwelle ins Museum zu wagen. Angst vor der Gefahr des nicht sichtbaren Virus. Ist diese Angst berechtigt? Politikern und Experten war von Anfang an klar, dass es viel leichter ist, Shutdown-Maßnahmen zu verhängen, als später wieder in eine – dann neue – Normalität »zurückzukehren«.

Eine vielleicht nicht immer adäquate Informationspolitik von verantwortlichen Politikern und beteiligten Experten, zum Teil divergierende Informationen in den Medien und diese noch garniert mit Fake News in den sozialen Medien haben die Bevölkerung verunsichert. Zudem war das Virus unbekannt und tagtäglich lernen wir hinzu. Dennoch darf die Angst davor, die jetzt wieder eingeräumten Freiheiten zu nutzen, nicht unser Denken und Handeln völlig überschatten. Die allerorten umgesetzten Sicherheitskonzepte verhindern weitestgehend Neuinfektionen. Dies zeigt sich an weiter sinkenden Infektionsraten.

Ich habe die Probe aufs Exempel gemacht und die mir von meinem Bruder Nikolai geschenkte Eintrittskarte für die Ausstellung Thierry Mugler in der Kunsthalle in München eingelöst. Nach Wochen ohne Museums-, Theater-, oder Opernbesuche habe ich diese Eintrittskarte wie einen Schatz betrachtet. Sie war für mich wieder etwas Besonderes. Die Folgen der Shutdown-Maßnahmen haben uns gezeigt, wie kostbar das ist, was wir in dieser Zeit nicht haben durften.

In der Kunsthalle München angekommen, war ich beeindruckt vom Sicherheitskonzept. Von Anfang an war klar, dass die Organisatoren kein Risiko eingegangen sind. Und dennoch wurde hierdurch das, was wir von einem Museumsbesuch erwarten, nicht beeinträchtigt. Ein Hochgefühl, neue Energie, fast schon Euphorie begleiteten mich. Auch wenn Thierry Mugler vielleicht nicht für jeden etwas ist, so handelt es sich doch bei dieser in München lang erwarteten Ausstellung um ein wirkliches Highlight. Besonders interessant war eine dreidimensionale Video-Installation einer Szene aus Macbeth des Theaterfestivals in Avignon, für das Mugler die Kostüme erschaffen hatte. Einzigartig das Kostüm der Lady Macbeth für das alleine sich der Besuch dieser Ausstellung lohnt. Bei weiteren Museumsbesuchen habe ich die gleichen Feststellungen im Hinblick auf Sicherheit machen dürfen!

Diese Formen des persönlichen Kontakts mit Kultur und Kunst haben wir in den vergangenen Wochen schmerzlich vermisst. Selbst wenn wir zu Hause – in der Phase der Entschleunigung – vielleicht die Bilder unserer eigenen Sammlung intensiver genießen konnten, Musik über Streamingdienste aus den Opernhäusern oder Konzertsälen dieser Welt im Lehnsessel hören durften oder uns mit der Literatur in unserer eigenen Bibliothek vermehrt auseinandergesetzt haben, es verblieb dennoch ein großes Defizit.

Wir brauchen die Kunst, unter der man seit der Aufklärung vor allen Dingen die schönen Künste versteht. Kunst aber eben nicht nur in der Rezeption über neue digitale Medien. Das ist nicht ausreichend! Kunst als Form des kreativen Ausdrucks, »der die menschliche Erfahrung bereichert, indem Emotionen ausgelöst, Fragen gestellt und Grenzen gesprengt werden« braucht mehr, viel mehr!

So machte Roman Buchell in der Neuen Züricher Zeitung in seinem Kommentar »Wozu Kunst?« deutlich:

»Gerade weil die Kunst zu nichts zu gebrauchen ist, brauchen wir sie. Die Freiheit von aller Zweckmässigkeit ist die grösste Herausforderung für die Kunst – und ihre vornehmste Provokation.«

Und es geht um noch mehr. Schiller beschrieb, wie das Ideal der Freiheit zu erreichen sei. Das Mittel lag für ihn in der Kunst und gipfelte in der Veröffentlichung »Über die ästhetische Erziehung des Menschen«. »In der Kunst, so Schiller, lassen sich Verstand und Gefühl in einem geformten Ausdruck zusammenführen.« Kunst schafft Identität, Neues und Abwechslung, Erinnerung, Verständigung, Verbindung und Verbundenheit, ist inspirierend und speichert Wissen, ist Experiment und bietet Faszination und Begeisterung. Es ist die Farbe unseres Lebens.

In oben bereits zitiertem Beitrag von Klaus Weise in ZEIT Online spitzt er es zu:

»Um die gesellschaftlichen Probleme zu lösen, brauchen wir nicht nur einen wachen Verstand, eine kluge Politik und eine ebensolche Gesetzgebung, sondern vor allem auch: die Kunst und ihre subversiven, befreienden und auch identitätsstiftenden Kräfte. Bröckelt nicht das Fundament unserer bürgerlichen Gesellschaft, der Humanismus? Haben sich Ethik und Moral nicht längst im digitalen Netz verheddert, und wird der Mensch, seiner Geheimnisse und seines Gedächtnisses beraubt, nicht längst modelliert nach dem Wunschbild der Kinder aus dem kalifornischen Valley, einem Bild, das wir, in der Blase der Selbstlüge für unser eigenes halten?«

Da Kunst im umfassenden Sinne jede entwickelte Tätigkeit von Menschen ist, »die auf Wissen, Übung, Wahrnehmung, Vorstellung und Intuition gegründet ist«, muss der Staat auch jeden einzelnen von diesen Kunstschaffenden fördern, um das zu erhalten, was wir für unsere Gesellschaft dringend benötigen.

Umso betroffener war ich, als mir die herausragende selbstständige Solistin und Orchestermusikerin (Geigerin) Anna Sophia Lang bei einem wunderbaren Abendessen im Hause unseres Freundes Wöhrl berichtete, dass die finanziellen Förderprogramme unseres Staates in der Pandemie Künstler wie sie nicht berücksichtigen. Von heute auf morgen habe sie keine Engagements mehr gehabt; im Hinblick auf ihren Lebensunterhalt sei sie auf Hartz IV verwiesen worden.

Damit gefährden wir die Rahmenbedingungen einer Kulturgesellschaft mit einem humanistischen Menschenbild. Ohne Künstler sind wir Rezipienten hilflos. »Sie alle, die Menschen, die Kultur produzieren, fördern ..., arbeiten gleichermaßen am Gedächtnis unserer Gesellschaft und an ihrer Ausgestaltung, an europäischer Gegenwart und Zukunft ... Wir haben diese vielen Dichter, Denker und Darsteller, Musiker und bildenden Künstler, Film- und Fernsehschaffenden, die lebenden wie die toten, weil wir ihnen und uns eine Vielzahl von Spiel-, Denk-, Lebens-, Erlebnis-, Erinnerungs- und Bewahrungsräumen widmen.«

Dazu brauchen wir die genannten Rahmenbedingungen. Und das meinte Michelangelo mit der Aussage, dass Kunst die Aufgabe hat wachzuhalten, »was für uns Menschen so von Bedeutung und notwendig ist«.

Bei allen Kunstgattungen bedarf es der Kommunikation und Interaktion zwischen Künstler und Kunstwerk einerseits und Rezipienten andererseits. Konkret für die bildende Kunst hat Duchamp 1957 den Beitrag des Betrachters zum kreativen Akt anerkannt:

»Alles in allem wird der kreative Akt nicht vom Künstler allein vollzogen; der Zuschauer bringt das Werk in Kontakt mit der äußeren Welt, indem er dessen innere Qualifikation entziffert und interpretiert und damit seinen Beitrag zu kreativen Akt hinzufügt.«

Joseph Beuys hat diese Einschätzung und Betrachtung der Wechselwirkungen fortgeschrieben – gipfelnd in der Aussage »Jeder Mensch ist ein Künstler«. Wie durch ein Brennglas betrachtet, zeigt sich die Thematik

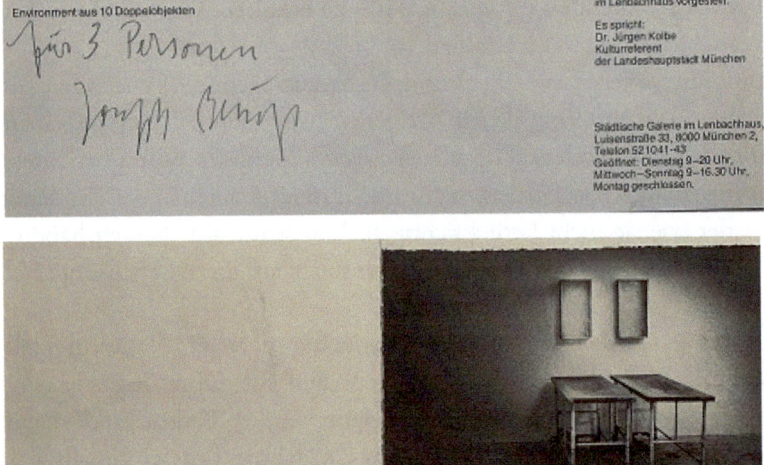

anlässlich der öffentlichen Auseinandersetzung um sein Werk »Zeige deine Wunde« in den 70er-Jahren des vorigen Jahrhunderts. Unser Freund Thomas Kirchner beschreibt in seinem Beitrag »›Zeige deine Wunde‹ – mein Bezug zu Beuys« in unserem ersten Buch der gesammelten Vorträge des Rotary Jahres 2014/15 »Grenzbereiche menschlichen Seins – Mensch/Gott und Leben/Tod« den Kampf um diese Installation, die seit 1980 zur Sammlung der Städtischen Galerie im Lenbachhaus gehört. (S. 117 ff.)

So formuliert Michael Findlay in seiner Publikation »Vom Wert der Kunst«: »Heute geht es darum, dass wir unsere Sinne wiedererlangen. Wir müssen lernen, mehr zu sehen, mehr zu hören und mehr zu fühlen.« (S. 118) Und dazu bedarf es der konkreten und realen Begegnung, der Kontaktfläche – Museen, Konzert- und Opernhäuser oder Theater. Es bleibt dabei, die digitale Welt kann allenfalls Ergänzung in Krisenzeiten sein.

Dies geschrieben, gibt es mir Gelegenheit auf unser ehemaliges Mitglied des Rotary Clubs München, Thomas Mann, zurückzukommen. Als »Genie der Worte« und leidenschaftlicher Liebhaber und profunder Kenner der Literatur und der klassischen Musik zeigte er sich stets auch als Liebhaber und Kenner der bildenden Kunst im weiteren Sinne, wie Dieter Bartetzko in dem FAZ-Beitrag »Thomas Mann und die Kunst: Die Liebe hinter dem gnadenlosen Röntgenblick« herausarbeitet. Er verweist unter anderem auf ein Thomas-Mann-Portrait von Max Oppenheimer in der Ausstellung im Lübecker Behnhaus:

»Mit den vibrierenden Farb- und Lichtbündeln des Expressionismus hat Oppenheimer ein Gesicht festgehalten, das fortwährend zwischen Spannung und Ruhe, Rage und Disziplin changiert. Das Flirren dieser Physiognomie kulminiert in den Augen, deren bohrenden Blick der Maler durch die Brechungen in den blitzenden Gläsern einer randlosen Brille noch intensiver, verwirrender, saugender gemacht hat. So schaut nur ein Augenmensch, und so lässt sich nur jemand malen, der die Malkunst als Erscheinungsform höherer Wahrheiten, als Magier von Illusion und Desillusion schätzt.«

In diese Richtung geht auch die Erklärung von Thomas Mann, dass Fotografie endlich als Kunst anerkannt werden müsse oder auch die Hinwendung von Mann kurz vor seinem Tode zum Abstrakten und zu Hans Arp.

An dieser Stelle möchte ich Freund Adolff erneut für seine handschriftlichen Zeilen und den Sonderdruck aus dem »Thomas Mann Jahrbuch Band 19, 2006« danken. Der Beitrag von Carl-Joseph Kuschel »›Ist es nicht jener Ideenkomplex bürgerlicher Humanität?‹ Glanz und Elend eines deutschen Rotariers – Thomas Mann« ist lesenswert.

In diesem Sinne wünsche ich Ihnen eine anregende Woche, den Mut und die Sicherheit, die eingeräumten Freiheiten zu nutzen, mit herzlichen rotarischen Grüßen

Alexander P. F. Ehlers
Präsident

Buchempfehlung
Krzysztof Pomian
»Der Ursprung des Museums: Vom Sammeln«
Band 9 der Reihe *Kleine Kulturwissenschaftliche Bibliothek*
Verlag Klaus Wagenbach, Berlin, 1988

»Neuerdings wird herausgestellt, was immer sich ausstellen lässt: von den banalsten Resten des Alltags bin zu ganzen Städten, Revolutionen und tausendjährigen Monarchien. Nur die Reflexion auf diesen Ausstellungsbetrieb fehlt. Abgesehen von wenigen Zeilen bei Burckhardt oder Benjamin gab es bis vor kurzem keine Geschichte, geschweige denn eine Theorie des Museums.
Mit den Schriften Krzysztof Pomians änderte sich die Situation grundlegend. Pomian erforscht die Ursprünge des Museums, in dem er auf eine der ältesten Aktivitäten und Passionen der Menschheit zurückgeht, das Sammeln.
Was aber macht eine Sammlung aus, anders gefragt: Was unterscheidet die Objekte einer Sammlung von Gegenständen des täglichen Gebrauchs? Um das zu klären, entwickelt Pomian eine Theorie der Zeichenträger oder Semiophoren, die – über den engeren Bereich der Kunstobjekte hinausgehend – den

anthropologischen Sachverhalt erschließt, daß Menschen den Dingen ihrer Umgebung kulturelle Bedeutung verleihen. Er zieht dazu verschiedene Beispiele heran: prähistorische Grabbeigaben, römische Beutestücke, die Vasen der Medici und die Sammlung archäologischer Funde.«
Krzysztof Pomian, geboren 1934 in Warschau, ist Philosoph und Historiker am *Centre National de la Recherche Scientifique* in Paris.

Michael Findlay
»Vom Wert der Kunst«
Prestel Verlag, München, 2012
»Gespickt mit unzähligen Anekdoten aus den Begegnungen mit ehrgeizigen, anspruchsvollen, schlauen und nicht immer unkomplizierten Sammlern und Künstlern, erzählt Michael Findlay *Vom Wert der Kunst*: Der langjährige Kenner des Kunsthandels breitet seine reichen Erfahrungen als Insider der Szene aus und führt wortgewandt durch die Welt der Galerien, Auktionshäuser und Kunst-Investmentfonds. Kluge Ratschläge für Sammler und solche, die es werden wollen, reflektierte Betrachtungen und unglaubliche Geschichten aus dem Nähkästchen ergeben ein unverzichtbares Handbuch zum zeitgenössischen Kunstmarkt. Ein hochspannendes, humorvolles und immer wieder überraschendes Leseerlebnis für alle, die sich für Kunst und Sammeln interessieren – und nicht zuletzt ein leidenschaftliches Plädoyer dafür, neben dem Sinn für ein gutes Geschäft nie den Blick für die ›inneren Werte‹ eines Kunstwerks zu verlieren.«
»Der Kunstexperte Michael Findlay zählt zu den anerkanntesten Kennern der internationalen Galerieszene … Der geborene Schotte begann seine Karriere 1964 in New York, wo er als Pionier der legendären Galerieszene von SoHo wichtige Einzelausstellungen damals unbekannter Künstler wie Sean Scully, Stephen Mueller, Hannah Wilke und John Baldessari organisierte. Ab 1984 war er bei Christie's für impressionistische moderne Malerei zuständig und stieg 2000 in die Führungsriege des Auktionshauses auf.«

16. Juni 2020

14. Präsidentenbrief während der coronabedingten Schließung des RC München

»Fake News«

> »Jede kleine Ehrlichkeit ist besser
> als eine große Lüge.«
> (Leonardo da Vinci)

> »Das größte Problem des Journalismus liegt darin, einem
> Auflageninstinkt ohne Rücksicht auf
> Wahrheit und Gewissen zu widerstehen.«
> (Joseph Pulitzer)

> »Der traurigste Aspekt derzeit ist,
> dass die Wissenschaft schneller Wissen sammelt,
> als die Gesellschaft Weisheit.«
> (Isaac Asimov)

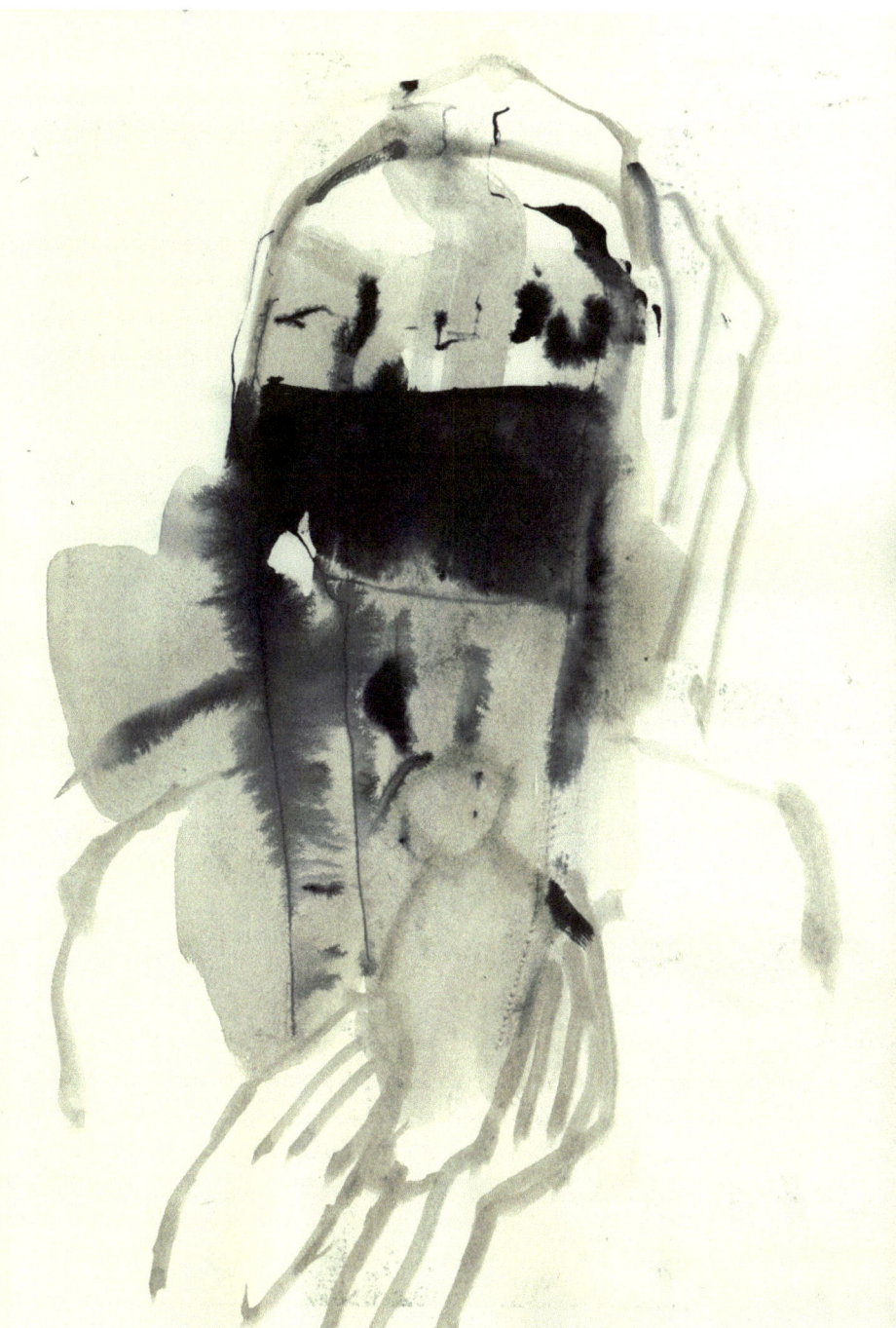

Liebe rotarische Freunde,

seit dem Beginn der Corona-Krise und der Ausrufung der Pandemie durch die WHO erreicht uns tagtäglich eine ungeheure Anzahl von Nachrichten, Kommentaren und Berichten über neueste Erkenntnisse der Wissenschaft bei der Bekämpfung des SARS-CoV-2-Virus. Täglich informiert uns der öffentlich-rechtliche Rundfunk in den Abendnachrichten über den aktuellen Stand von Infektionen und Todesfällen. Der Nachrichtensender n-tv beschickt unseren Fernsehbildschirm oder auch die Displays unserer iPads und Smartphones über die n-tv-App mit neuesten Graphiken zum diesbezüglichen Geschehen.

Der tatsächliche oder auch nur vermeintliche wissenschaftliche Diskurs über das Virus, die richtige Strategie der Bekämpfung desselben, die Diagnostik der Begleiterkrankungen oder auch die Therapien erfolgte fast von Anfang an in der Öffentlichkeit – in Fernsehsendungen oder in der Laienpresse. Einen weiteren Höhepunkt in dieser Entwicklung stellt der kürzlich erfolgte Schlagabtausch zwischen zwei bundesweit bekannten Virologen über die Qualität von Studien in der BILD Zeitung und im FOCUS Magazin dar.

In einer derartigen durch ein Virus ausgelösten weltweiten Krise sind Wissenschaftler als Experten und Berater der politischen Entscheidungsträger gefragt. Aber eben als Experten und Berater. Sie sollten hingegen nicht zu Medienstars und auch nicht selbstständigen Entscheidern mutieren. Die Entscheidung hat bei den demokratisch legitimierten Institutionen des Staates zu verbleiben.

In einem der vorangegangenen Präsidentenbriefe schrieb ich in diesem Zusammenhang von einem »Informationstsunami«, der über die Bevölkerung hinwegfegt. Zu diesem Tsunami tragen allerdings nicht nur die üblichen Formate von Printmedien, Rundfunk und Fernsehen bei, sondern darüber hinaus etablieren sich neue Formate wie Podcasts, Newsletter über moderne Informations- und Kommunikationsmedien bis hin zu den sozialen Netzwerken / Online-Plattformen wie Facebook, Twitter, LinkedIn, Xing, YouTube, Instagram oder auch das Video-Portal TikTok. Ob und inwieweit dabei die »Informationsarbeit« aller Beteiligten wirklich dazu dient, den Bürger wahrhaft zu unterrichten und dies bei der gebotenen Sorgfalt der Recherche, ist zumindest mit einem Fragezeichen zu versehen.

Vorsätzliche oder fahrlässige Falschinformation oder auch nur Desinformation hat massiv zugenommen. Ein Grund hierfür ist auch, dass jeder über die sozialen Netzwerke heute »News« verbreiten kann, die nicht einmal ansatzweise ein Körnchen Wahrheit enthalten: Fake News, wie es so schön im »Neu-Deutschen« heißt.

So betitelte Thomas Gutschker seinen Beitrag in der FAZ vom 12.06.2020 (S. 2) mit »Kampf den Fake News«. Gutschker berichtet darüber, dass die EU-Kommission die Online-Plattformen viel stärker als bisher rechtlich regulieren will. Es gehe um die Verhinderung von Desinformation einerseits und den monatlichen Bericht, »wie sie derartigen Kampagnen im Zusammenhang mit dem Coronavirus entgegenwirken« andererseits. Dabei beabsichtige die für Werte und Transparenz verantwortliche Vize-Präsidentin der Kommission, Věra Jourová, den bisher geltenden Verhaltenskodex zur Bekämpfung von Desinformation auf gesetzliche Grundlagen zu stellen. Nach diesem Bericht habe Google alleine »weltweit achtzig Millionen Werbeanzeigen blockiert, die im Verdacht standen, unlautere Geschäfte mit dem Virus zu befördern«.

Auf deutscher Ebene forderte die Bundesministerin für Justiz und Verbraucherschutz, Christine Lambrecht, am 17.03.2020:

»Ich erwarte von den sozialen Netzwerken, dass sie ihrer Verantwortung gerecht werden: Sie müssen vertrauenswürdige und relevante Informationen klar priorisieren, Fake News schnell erkennen und löschen und Accounts blockieren, die diese verbreiten.«

Der von ihr gegebene Rat jedoch, einfach die Fakten zu prüfen, »skeptisch zu sein« und auf »zuverlässige Nachrichten« zurückzugreifen, ist in der Situation eines »Informationstsunamis« schwer, wenn nicht gar für den Laien unmöglich. Selbst der Hinweis auf die Internetseiten der Bundesregierung greift zu kurz, wenn bestimmte Dinge dort gar nicht angesprochen werden.

Um einen Überblick über die Größenordnung von Fake News zu geben: Alleine Twitter hat nach eigenen Angaben, allerdings in einem anderen Zusammenhang, 23.750 Nutzer-Konten und 170.000 Propaganda-Accounts entdeckt, die sich in hohem Maße bei der Verbreitung von Fehlinformationen engagiert hätten. Darüber hinaus habe »Twitter rund 150.000 Accounts stillgelegt, die Nachrichten durch Retweets und Likes weiterverbreitet und Nachdruck verliehen haben sollen«. Bei den Inhalten sei es unter anderem um die Ausbreitung des Coronavirus gegangen.

In einem anderen Fall wurde beispielsweise der Virologe Christian Drosten auf Facebook scharf angegriffen. In dem Post wurde behauptet, dass Drosten das Coronavirus plötzlich für einen Schnupfen halte, den man mit Nasenspray therapieren könne: »Corona – ein simples Erkältungsvirus, das mit einem einfachen Nasenspray behandelt werden kann? Haben Sie jetzt einen Vertrag mit Wick oder Nasivin abgeschlossen, Herr Drosten?« (Facebook Post 12.06.20 19:20). Es wurde auf einen Beitrag in der Berliner Morgenpost und den NDR-Podcast von Drosten Bezug genommen. Prüft man die Quellen, zeigt sich eine ganz andere Sachlage, die weit entfernt vom Facebook-Post ist.

Genauso irreführend war ein anderer Post auf einem sozialen Netzwerk durch einen approbierten Arzt, der seinerseits auf die Publikation eines »angeblich wirklichen Experten« verweist: »Zur Abwechslung mal echte Expertise! Bitte lesen …!!! … Corona-Aufarbeitung: Warum alle falsch lagen« (Facebook-Post 12.06.2020, 10:22). Im retweeteten Beitrag berichtet dann ein »umstrittener Schweizer Professor« für Immunologie über seine Meinung: »Dies ist keine Anklageschrift, aber eine schonungslose Bilanz. Ich könnte mich selber ohrfeigen, weil ich das Virus SARS-CoV-2 viel zu lang mit Panik im Nacken betrachtet habe.«

Bei einer solchen Melange von »News« wird es für den nicht fachkundigen Bürger als Rezipienten schwierig zu differenzieren. Wie soll er unterscheiden zwischen tatsächlichen oder vermeintlichen Experten? Wie und woher soll er wissen, was wahrhaft ist oder nicht? Wie erkennt er Meinung resp. Tatsache, wenn beides miteinander »verklittert« wird? Und wenn dann auch noch offizielle Stellen wie das Robert-Koch-Institut (RKI) innerhalb kurzer Zeit völlig unterschiedliche Informationen denselben Sachverhalt betreffend geben, auch wenn das RKI in der konkreten Situation dies mit neuem Erkenntnisgewinn begründet hat?

Es ist wie in der Verleumdungsarie des Don Basilio aus dem Barbier von Sevilla von Gioachino Rossini.

Selbst der gebildete und reflektierte Rezipient kann sich im Gewirr von Wahrheit, Fake News und Verschwörungstheorie verlieren. Auch dann, wenn er in besonderem Maße im Sinne der Erkenntnisse der Forscher David C. Kidd und Emanuele Kastano von der New York School of Social Research gebildet ist, weil er »Zugang zur Welt, und zwar im direkten wie im weiteren Sinne« hat. »Direkt bedeutet: Informationen werden dadurch zugänglich und wir können uns Wissen aneignen.« (Reading Literary Fiction Improves Theory of Mind, C. Kidd und E. Kastano, Science, 03.10.2013 und Science ORF.at, Psychologie, 04.10.2013)

Eigentlich sollte der Pressekodex als Sammlung journalistisch-ethischer Grundregeln, die der Deutsche Presserat 1973 vorgelegt hat, verbindlich in Bezug auf die dort formulierten publizistischen Grundsätze sein. Er ist eine freiwillige Selbstverpflichtung, wie wir sie auch aus anderen Märkten, beispielsweise der pharmazeutischen Industrie oder der Medizinprodukteindustrie, kennen. Dennoch hat der Inhalt, der bereits mehrfach modifiziert wurde, über die Spruchpraxis der Gerichte verbindlichen Charakter.

Im Hinblick auf die Corona-Krise sind die Punkte 1, 2 und 14 des Pressekodexes einschlägig. Es geht um die »Achtung vor der Wahrheit ... und die wahrhaftige Unterrichtung der Öffentlichkeit«. Zudem: »Recherche ist unverzichtbares Instrument journalistischer Sorgfalt. Zur Veröffentlichung bestimmte Informationen in Wort, Bild und Grafik sind nach der den Umständen gebotenen Sorgfalt auf ihren Wahrheitsgehalt zu prüfen und wahrheitsgetreu wiederzugeben. Ihr Sinn darf durch Bearbeitung, Überschrift oder Bildbeschriftung weder entstellt noch verfälscht werden. Unbestätigte Meldungen, Gerüchte und Vermutungen sind als solche erkennbar zu machen.« Und darüber hinaus: »Bei medizinischen Themen ist eine unangemessene sensationelle Darstellung zu vermeiden, die Hoffnungen oder Befürchtungen beim Leser erwecken könnten. Forschungsergebnisse, die sich in einem frühen Stadium befinden, sollten nicht als abgeschlossen oder nahezu abgeschlossen dargestellt werden.«

Wenn ich mich an die Publikationen und Berichte in den vergangenen knapp vier Monaten erinnere, so fallen mir ohne Zögern Beispiele ein, die diesen Voraussetzungen nicht Rechnung getragen haben. Erinnert werden soll in diesem Zusammenhang nur an die Berichterstattung über die Impfstoff-Entwicklung.

Das geschrieben, bleibt bereits an dieser Stelle festzuhalten, dass die in der Bevölkerung feststellbaren »psychischen Belastungen« wie Verunsicherung, Angst, Verärgerung, teilweise sogar Aggression nachvollziehbar sind. Goethe bringt es im Faust, I. Teil, in der Hexenküche in der Aussage des Mephistopheles auf den Punkt:

»Das ist noch lange nicht vorüber,
Ich kenn' es wohl, so klingt das ganze Buch;
Ich habe manche Zeit damit verloren,
Denn ein vollkommner Widerspruch
Bleibt gleich geheimnisvoll für Kluge wie für Toren.
Mein Freund, die Kunst ist alt und neu.
Es war die Art zu allen Zeiten,
Durch Drei und Eins, und Eins und Drei
Irrtum statt Wahrheit zu verbreiten.
So schwätzt und lehrt man ungestört;
Wer will sich mit den Narrn befassen?
Gewöhnlich glaubt der Mensch, wenn er nur Worte hört,
Es müsse sich dabei doch auch was denken lassen.«
(2554 bis 2566)

Die Menschen wollen gerade in diesen herausfordernden Zeiten Transparenz und klare präzise Information – die Wahrheit. Nur so sind Maßnahmen, die die freiheitlichen Grundrechte einschränken, nachvollziehbar, akzeptierbar und können umgesetzt werden und damit ihr Ziel erreichen. Zu dieser Erkenntnis wird auch keine Studie benötigt, wie sie die Forscher der Universität Hildesheim planen. »Im Kern des Vorhabens stehe die Hypothese, dass seriöse Informationen in Zeiten der Corona-Pandemie wieder ernster genommen werden.« (NDR 1 Niedersachsen, 23.04.2020, Studie: Wie informieren sich Menschen in der Krise?)

Bereits Michel de Montaigne setzte sich in seinen Essais mit der Thematik der wahren Information und der Lüge auseinander. Im ersten Buch ist Kapitel 9 »Über die Lügner« der diesbezüglichen Auseinandersetzung gewidmet:

»In Wahrheit ist das Lügen ein verfluchtes Laster. Nur durch das Wort sind wir Menschen und zur Gemeinschaft fähig. Wenn uns Schwere und Abscheulichkeit dieses Lasters bewusst wären, würden wir es berechtigter mit Feuer und Schwert verfolgen als andere Schandtaten ... Allein Verlogenheit und, ein wenig darunter, Dickköpfigkeit scheinen mir die Fehler zu sein, deren Entstehen und Entwicklung man mit allem Nachdruck bekämpfen sollte, sonst wachsen sie mit ihnen immer weiter; und hat man erst einmal diesen falschen Zungenschlag zugelassen, wird man sich wundern, wie unmöglich es ist, ihn rückgängig zu machen.«
(Michel de Montaigne, Essais, Erste moderne Gesamtübersetzung von Hans Stilett, Eichborn Verlag, Frankfurt, 1998, S. 23)

Nun geht es hier aber nicht nur um die Art und Weise, wie wir durch Presse, Funk, Fernsehen oder Online-Plattformen informiert werden. Es geht vor allen Dingen auch um Medizin und Wissenschaftlichkeit, denn der Maßnahmen-Katalog von Bund und Ländern zur Umsetzung des Shutdowns gewinnt seine Akzeptanz und Legitimität auch aus der Transparenz und der Fundierung in Wissenschaftlichkeit und Medizin.

Johannes Köbberling hat sich in seiner in diesem Jahr vorgelegten Publikation »Der Wissenschaft verpflichtet« (Walter de Gruyter, Berlin/Boston, 2020) gerade mit dieser Thematik auseinandergesetzt. So warnt er vor der »Verwischung der Grenze zwischen Tatsachen und Meinungen oder zwischen Wahrheit und Unwahrheit«. Hierdurch werde die »Urteilsfähigkeit« zerstört.

»Die Analogie im medizinischen Umfeld liegt nahe. Wenn wir Wahrheit durch konsequente Wahrheitsuche im Sinne der Wissenschaft verstehen, dann gilt dies für die wissenschaftliche Medizin ... Die Missachtung dieser Trennungslinie, die Gewöhnung an die Unwissenschaftlichkeit im medizinischen Alltag, führt zu einer Gefährdung der

Urteilsfähigkeit und damit zu einer Bedrohung der Grundlagen ärztlichen Denkens und Handelns.« (S. 2)

Wirklicher Erkenntnisgewinn in der Medizin bedeutet, dass jegliche Maßnahme »überprüfbar und wiederholbar« sein muss. (So Köbberling bereits 1992 in »Die Wissenschaft in der Medizin: Selbstverständnis und Stellenwert in der Gesellschaft«, 1992, S. 1.) Alles, was wir in der Medizin tun, gewinnt die Legitimation erst durch das wissenschaftliche Fundament. (Ehlers, »Medizin in den Händen von Heilpraktikern – ›Nicht-Heilkundigen‹«, Springer Verlag, Berlin, 1995, S. 6)

Gerade in der Dynamik des Geschehens dieser Pandemie und des Wunsches von Presse und Beteiligten, mit den »News« als Erster die Öffentlichkeit zu erreichen, kam es auch zur Desinformation, von Fake News abgesehen.

Soweit wie Mephistopheles im bereits zitierten Faust I, hier im Studierzimmer, möchte ich dabei nicht gehen:

»Verachte nur Vernunft und Wissenschaft,
Des Menschen allerhöchste Kraft,
Laß nur in Blend- und Zauberwerken
Dich von dem Lügengeist bestärken,
So hab' ich dich schon unbedingt —
Ihm hat das Schicksal einen Geist gegeben,
Der ungebändigt immer vorwärts dringt,
Und dessen übereiltes Streben
Der Erde Freuden überspringt.
Denn schlepp' ich durch das wilde Leben
Durch flache Unbedeutenheit
Es soll mir zappeln, starren, kleben,
Und seiner Unersättlichkeit
Soll Speis' und Trank vor gier'gen Lippen schweben;
Er wird Erquickung sich umsonst erflehn,
Und hätt' er sich auch nicht dem Teufel übergeben.
Er müsste doch zugrunde gehen!«
(1852 bis 1867)

In der Corona-Krise kam es zu einem Clash von diesen grundlegenden Problematiken, mit den geschilderten Konsequenzen – Desinformation, Angst, Abwehr und Aggression. Das Erkennen dieses Zusammenhangs und der Konsequenzen der in den letzten Wochen durchgemachten Informationsflut bringt uns aber auf den richtigen Weg. Nicht die Angst vor dem nicht mehr ganz so unbekannten Virus hilft uns weiter, sondern Vertrauen und Hoffnung in die Wissenschaft, Selektion und Analyse tatsächlicher und vermeintlicher Wahrhaftigkeiten und ein Schuss Optimismus im Sinne von Theodor Fontane: »Ein Optimist ist ein Mensch, der ein Dutzend Austern bestellt, in der Hoffnung, sie mit der Perle, die er darin findet, bezahlen zu können.«

Mein Dank gilt diesmal Freund Hansen, dem ich für seine herzlichen Zeilen und wunderbaren Illustrationen an dieser Stelle danken möchte. Wie schön, dass unser verstorbener Freund Otto Pachmayr Sie so wunderbar in die Malerei eingeführt hat. Und mit diesem Brief sehen Sie, dass der 13. Präsidentenbrief noch nicht der letzte war.

So bleibt mir, Ihnen allen eine Woche wahrhafter Informationen und voller Hoffnung zu wünschen,
bleiben Sie gesund,
mit herzlichen rotarischen Grüßen

Alexander P. F. Ehlers
Präsident

Buchempfehlung
Harald Weinrich
»Knappe Zeit: Kunst und Ökonomie des befristeten Lebens«
C. H. Beck, München, 2004
»Es ist paradox. Die Menschen leben immer länger, und die Zeit wird ihnen immer knapper. Welcher Geist oder Ungeist treibt sie zu solcher Knappheit? Auf diese Frage gibt das neue Buch von Harald Weinrich historisch differen-

zierte Antworten. Zu Wort kommen Ärzte, Philosophen, Theologen, Ökonomen und vor allem Autoren aus verschiedenen Epochen der Literatur, von Homer über Dante, Shakespeare und Goethe bis hin zu García Márquez und Ingeborg Bachmann. Für diese brillante Kulturgeschichte des befristeten Daseins sollte sich der Leser – zu seinem eigenen Vergnügen – genügend Zeit lassen.«

Harald Weinrich, geboren 1927, war zuletzt Professor für Romanistik am Collège de France, Paris. Er hat für sein Lebenswerk unter anderem den Hanseatischen Goethe-Preis und den Joseph-Breitbach-Preis erhalten.

Johannes Köbberling
»Der Wissenschaft verpflichtet: Biographischen Notizen und Plädoyer für eine am Patientenwohl orientierte menschliche Medizin«
Walter de Gruyter, Berlin / Boston, 2020

»Wissenschaftlichkeit in der Medizin – eine Voraussetzung für menschliche Medizin! In diesem Buch verbindet der Autor dieses leidenschaftliche Plädoyer mit biografischen Notizen und einer Schilderung seiner eigenen Tätigkeit in Forschung, Klinik und Lehre der Inneren Medizin. Im Vordergrund seiner 50-jährigen Berufstätigkeit stand dabei immer die Suche nach wissenschaftlichen Belegen für das ärztliche Handeln.«

Prof. Dr. med. Johannes Köbberling war Hochschullehrer und Chefarzt für Innere Medizin. Er war Präsident der Deutschen Gesellschaft für Innere Medizin und des Europäischen Internistenkongresses.

Beitrag und Anmerkungen

»Gemeinschaft«

Beitrag im Rahmen des ersten persönlichen Meetings des Rotary Clubs München im Hotel Vier Jahreszeiten am Dienstag, 23. Juni 20, nach der coronabedingten Schließung des RC München unter Alexander P. F. Ehlers, Präsident Rotary Club München 2019/20

Anmerkungen anlässlich des Restarts der Club-Meetings nach der Corona-Krise und Lesung aus dem Kapitel »1946« aus »Ein Gentleman in Moskau« im Rahmen des Generalthemas 2019/20

Liebe rotarische Freunde,
liebe Frau Leutmayr,

mein Jahr als Präsident des wunderbaren Rotary Clubs München neigt sich in wenigen Tagen dem Ende zu. Ich habe trotz der herausfordernden Zeiten aufgrund der Corona-Pandemie nahezu nur glückliche Tage in diesem Amt erleben dürfen. Hierfür bin ich sehr dankbar! Doch der heutige Tag zählt sicherlich mit zu den schönsten Tagen – aufgrund des lange ersehnten Restarts unserer persönlichen Meetings im Hotel Vier Jahreszeiten.

Unser letztes persönliches Meeting fand am 10. März statt, gefolgt von der kurzen Reise nach Berlin. Aufgrund der Beschlüsse auf Bundes- und Landesebene und des Vorstands des RC München setzten wir unsere persönlichen Meetings erstmals am 17. März aus, um am 24. März das erste virtuelle Meeting in der Geschichte unseres Clubs zu realisieren. Bis heute haben wir uns in 13 Web-Meetings bei ausgezeichneten Vorträgen wiedergesehen. Und heute freuen wir uns darüber, dass der Club erstmals ein Hybrid-Meeting veranstaltet, an dem wir einerseits persönlich teilnehmen, andererseits aber die Freunde, die aus besonderen Gründen nicht am Meeting teilnehmen, per Internet zugeschaltet sind.

Hierfür möchte ich zunächst Ihnen, liebe Frau Leutmayr, und Dir lieber Michael, Freund Kozikowski, danken. Denn ohne ihr unglaubliches Engagement hätten wir unsere Kontakte so nicht pflegen können. Danken möchte ich auch allen Freunden unseres Clubs, die sich mit großem Engagement und in Lichtgeschwindigkeit auf diese »neue Zeit« eingelassen haben.

Ein besonderer Dank gilt den Mitgliedern des Vorstandes, die sich in vielen außerordentlichen Vorstandssitzungen intensiv und gemeinsam um den Club, jedes einzelne Mitglied und unsere Freundschaft untereinander gekümmert haben.

Wie ich im ersten Präsidentenbrief am 17. März schrieb, war die Maßnahme der Beendigung unserer persönlichen Meetings alternativlos. So deutete ich damals an, dass es eine derartige Herausforderung durch eine Pandemie bisher in unserer Lebenszeit nicht gegeben habe. Die verhängten Maßnahmen und die vielleicht noch auf uns zukommenden würden weit in unser Leben und unser Lebensgefühl eingreifen. Aber wir mussten durch diese schwierigen Zeiten hindurch und dies in der Hoffnung, dass die Maßnahmen greifen. Genau deswegen hatte ich das Zitat aus Torquato Tasso an den Anfang gestellt:

»Wir hoffen immer, und in allen Dingen.
Ist besser hoffen als verzweifeln.«
Antonio in Goethe, Torquato Tasso 3,4

Auch hätte ich auf die gesammelten Vorträge des rotarischen Jahres 2015/16 verweisen können. Sie werden sich an das Generalthema »Nah ist und schwer zu fassen der Gott. Wo aber Gefahr ist, wächst das Rettende auch« aus Friedrich Hölderlins 1803 vollendeter Hymne »Patmos« erinnern.

Täglich wurden wir mit neuen Informationen bombardiert. Die Nachrichten im Fernsehen nahmen an Bedrohlichkeit immer weiter zu. Die Bilder aus Italien ließen Schreckliches auch für Deutschland befürchten.

Aufgrund schnell eingeleiteter Maßnahmen, kluger Analysen der Experten und konsequenten Handelns der Regierung und der Behörden auf Bundes- und Landesebene konnten wir in Deutschland eine Katastrophe verhindern. Unser Gesundheitssystem wurde nicht überfordert, Testkapazitäten und Intensiveinheiten in den Krankenhäusern waren ausreichend vorhanden. Ich darf in diesem Zusammenhang unseren bayerischen Ministerpräsidenten Söder zitieren, der in einer Videobotschaft formulierte:

»Wir haben echt verdammtes Glück gehabt … ich glaube, dass wir Tausenden von Menschen das Leben gerettet haben durch die Maßnahmen, die wir getroffen haben.«

Dennoch müssen wir bedenken, dass die Krise noch nicht zu Ende ist, auch und gerade wegen der ausgezeichneten Zahlen in Deutschland. Weltweit nehmen die Infektionszahlen weiterhin exponentiell zu. So haben die USA 2.233.240 Infizierte und 119.168 Todesfälle zu beklagen, Brasilien 1.032.913 Infizierte und 48.954 Todesfälle, das UK 301.815

Infizierte und 42.461 Todesfälle. Insgesamt sind 8.650.098 Menschen erkrankt, 460.214 Menschen verstorben. Deutschland beklagt 189.082 Infizierte und 8.890 Verstorbene (Stand 20.06.2020). Und neue Ausbrüche sind nicht auszuschließen, wie uns die Entwicklung in einer Fleischfabrik in NRW oder die Erkrankungen im RC Salzburg zeigen.

Mit meinen wöchentlichen Briefen an die Freunde wollte ich die Resilienz und unsere Freundschaft in unserem Club stärken. Daher habe ich den letzten Brief, den Sie nach dem Meeting erhalten werden, der Freundschaft gewidmet.

Gemeinsam haben wir diese besonderen Herausforderungen überwunden – in unseren Familien und durch unsere Freundschaft im Club. Deswegen darf ich nochmals auf den von mir im fünften Präsidentenbrief zitierten Brief von Alexander Sergejewitsch Puschkin eingehen und ihn hier zitieren:

Alexander Sergejewitsch Puschkin (1799–1837)
»Gestatten Sie mir, Bürger dieses Landes,
Sie in dieser schweren Zeit,
eingesperrt in Quarantäne,
zu dem großartigen Fest des
Frühlings zu beglückwünschen.

Alles wird sich wieder einkriegen,
alles wird vorübergehen!
Die Trauer und die Aufregung werden vergehen,
unsere Wege werden wieder befahrbar werden.
und der Garten wird wie früher blühen.

Die Krankheit besiegen wir,
mit Hilfe unseres Verstandes,
mit der Kraft unseres Wissens.
Und die Tage der schweren Prüfung
können wir nur als Familie überstehen.

Wir werden klarer und weiser.
Wir kapitulieren nicht vor der Finsternis

und dem Schrecken.
Wir fassen neuen Mut
und kommen einander näher und werden besser.

Und mögen wir uns
an dem festlich gedeckten Tisch
uns wieder des Lebens freuen,
möge Gott an diesem Tag
in jedes Haus ein Stückchen Glück schicken.«

Mein Wunsch war damals, dass wir »mit Mut und Hoffnung, Familie und Gemeinsinn, Gottvertrauen und Glauben diese Herausforderungen überwinden werden«. Und wir sind ein großes Stück weitergekommen in der Bekämpfung der Krise.

Für viele ist es jedoch noch schwer, in diese »neue Normalität« zu wechseln. Noch begleiten uns Befürchtungen und Ängste in unterschiedlich starkem Maße. Dies ist nachvollziehbar, wenn man an den von mir im letzten Brief erwähnten »Informationstsunami« denkt.

Am Wochenende sprach ich mit Freund Kleindienst, der in jenem Gespräch genau diese Unsicherheit, Besorgnis, Angst und das fehlende Vertrauen in der jetzigen Situation aufgegriffen hat und mir gestattete, aus seiner vorausgegangenen SMS an mich zu zitieren:

»Nachdem ich mir nochmals die grundsätzlichen Erwägungen zum bisherigen Verlauf der Corona-Pandemie genau angeschaut hatte, stellte ich fest, dass Eines ganz klar sich (auch) bei mir etabliert hat: nämlich das Bild einer möglichen Gefahr! Eigentlich genau nur dieses Bild, denn die umrahmenden Informationen widersprechen sich ohne jede Aufhebung! Das Bild jedoch, welches ich anfangs grundsätzlich für mich gar nicht annehmen wollte (… ich war bis zur völligen Schließung der Theater mit meiner Trompete unterwegs …), genau dieses Bild, wurde uns so sehr eingebläut (vgl. ›Ausgangssperre‹ – vermutlich das Wort des Jahres 2020), dass es nun nicht einfach auf politisches Kommando (der Staatsfrauen und -männer) verschwinden kann. ›Die Wissenschaft‹ hat zur Gefährlichkeit von Corona (Covid-19) keine Formel gefunden, lediglich Meinungen existieren. Ja und Nein, richtig und falsch, stehen nebeneinander. Ich gebe zu, es gibt für mein ›Nein‹ nun auch nicht wirklich ein Argument! Nur dieses: das Bild hält sich bei mir noch fest … ich warte noch etwas ab, bis es verblasst ist.«

Ich kann diese Einschätzung nachvollziehen und es gehört auch Mut dazu, in der jetzigen Situation zu einer Rückkehr »Nein« zu sagen. Es gehört aber genauso Mut und Vertrauen dazu, »Ja« zu sagen. Es ist und muss die Entscheidung jedes Einzelnen bleiben, wie weit er sich in der derzeitigen Lage vorwärtsbewegt.

Daher möchte ich allen Freunden danken, ob sie persönlich anwesend sind, ob sie online dabei sind oder ob sie noch generell abwarten. Danken für die Freundschaft und die Treue zu jedem Einzelnen von uns und zu unserem Club.

Und da Sie wissen und fühlen, dass das heutige Meeting ein besonderes ist, wir alle von Emotionen und Gedanken bewegt werden, möchte ich noch einen zweiten Teil in meinen heutigen Anmerkungen aufgreifen, der sich im Wesentlichen aber auf eine Lesung aus dem Buch »Ein Gentleman in Moskau« fokussieren wird.

Ich hatte das rotarische Jahr 2019 / 20 unter das Generalthema Völkerfreundschaft zwischen Russland und Deutschland gestellt. In meiner Rede während der Ämterübergabe 2019 bin ich hierauf eingegangen und hatte in unserer kleinen Mitgliederbroschüre betont, dass eines der bedeutenden Ziele von Rotary, »Völkerverständigung und Frieden durch eine im Ideal des Dienens vereinte Weltgemeinschaft«, angesichts der zunehmenden globalen Spannungen und Krisen unser besonderes Augenmerk finden soll.

Die Corona-Krise zeigt einmal mehr, dass wir auf dieser Welt in einem »globalen Dorf« – wirtschaftlich wie auch gesundheitlich – leben. Wir gehören zusammen und wir können nur zusammenleben, wenn wir uns als Gemeinschaft verstehen, die durch Toleranz, Freiheit, Bildung, Menschlichkeit, Hilfsbereitschaft und Mitgefühl gekennzeichnet ist. Rotary steht hierfür und deswegen trifft auch gerade jetzt in dieser besonderen Zeit der Leitspruch des RI Präsidenten 2019 / 20 Mark Malloney »Rotary connects the world« in besonderer Weise zu. Sicherlich werden wir viele Dinge, wenn die Krise zu Ende gegangen ist, analysieren und neu bewerten müssen. Hierzu gehört sicherlich auch die Frage, wie die Staaten dieser Welt miteinander umgehen. Insbesondere gilt dies auch für unseren Nachbarn Russland. Natürlich kann man Maßnahmen und Entscheidungen von Präsident Putin kritisieren. In gleicher Weise kann man aber auch Verhaltensweisen und Entscheidungen des Westens kritisieren. Ich glaube und bin überzeugt davon, dass wir die Türen zu allen Nachbarn öffnen müssen. Und genauso, wie wir nach der Corona-Krise einen Restart probieren, müssen wir dies ebenso in unseren Beziehungen machen.

Erinnern wir uns, welche Katastrophe das Dritte Reich über Russland gebracht hat: Millionen von verletzten und toten Soldaten und Bürgern, Verwüstungen von großen Teilen des Landes.

Und deswegen möchte ich aus »Ein Gentleman in Moskau« von Amor Towles das kurze Kapitel »1946« vorlesen. Hier kommt sehr subtil zum Vorschein, was das Dritte Reich Russland angetan hat. Reist man heute nach Russland, und genau deswegen wollte ich unsere Freunde nach Moskau bringen, erlebt man, mit welcher Offenheit und welchem Freundschaftswillen das russische Volk auf uns Deutsche zukommt – trotz der schrecklichen Erfahrungen vor 1945.

Lesung: Text aus »Ein Gentleman in Moskau« von Amor Towles, Kapitel »1946«, S. 339–343.

Schon heute möchte ich Ihnen allen im Vorfeld der Ämterübergabe für das schönste Amt danken, das ich ausüben durfte. Ich werde diese Zeit nicht vergessen. Vielen Dank!

23. Juni 2020

15. Präsidentenbrief während der coronabedingten Schließung des RC München

»Freundschaft«

»Ein Freund ist ein Mensch, der die Melodie deines Herzens kennt und sie dir vorspielt, wenn du sie vergessen hast.«
(Albert Einstein)

»Wird es FREUNDSCHAFT und GUTEN WILLEN fördern?«
(Die dritte Frage der Vier-Fragen-Probe von Rotary)

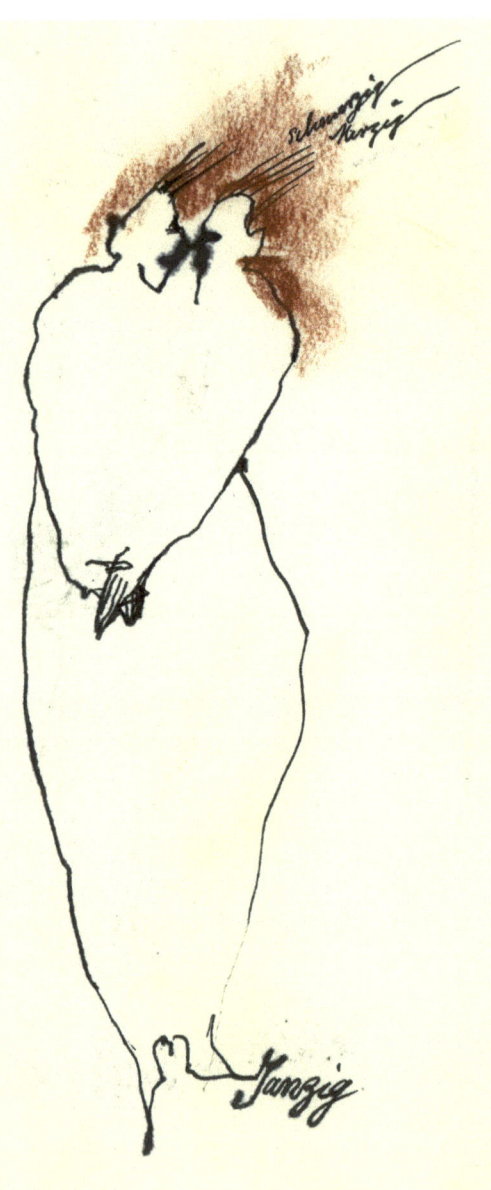

Liebe rotarische Freunde,

mit diesem 15. Brief endet die Reihe von Gedanken und Anmerkungen, die ich Ihnen in den letzten 14 Wochen während der Corona-Krise geschickt habe. Noch ist die Pandemie nicht endgültig überwunden, eine Herausforderung, wie wir sie in dieser Weise bisher in unserer Lebenszeit nicht gekannt haben. Weltweit wurden im Rahmen des Shutdowns Eingriffe in unser Leben und Lebensgefühl vollzogen, die verfassungsrechtliche Grenzen berührten. Aber es gab keine Alternative. Und wir mussten und müssen immer noch durch diese schwierigen Zeiten hindurch.

In meinem ersten Schreiben vom 17.03.2020, dem Tag, an dem unser wöchentliches Meeting erstmals wegen der Corona-Krise ausfallen musste, betonte ich das Prinzip Hoffnung und brachte meine Überzeugung zum Ausdruck, dass wir es als Freunde gemeinsam schaffen werden.

Der heutige Brief trägt das Datum des Tages, an dem wir uns erstmals wieder im Rahmen eines Hybrid-Meetings treffen dürfen. Da es die Freundschaft und insbesondere die freundschaftlichen Bindungen in unserem Club waren, die uns die schwere Zeit von Shutdown, Ausgehbeschränkungen und Quarantäne haben ertragen lassen, möchte ich meinen letzten Brief der Freundschaft widmen. Ich werde versuchen, den Bogen über die 15 Briefe mit diesem Thema zu schließen.

Wikipedia definiert »Freundschaft« – wie beispielsweise auch der Große Brockhaus – als »ein auf gegenseitiger Zuneigung beruhendes Verhältnis von Menschen zueinander, das sich durch Sympathie und Vertrauen auszeichnet«.

Man kann sich dem Thema aus mehreren Richtungen nähern: über die Wortgeschichte, die Soziologie, Philosophie, Literatur oder auch die Historie. Eine tiefergehende Auseinandersetzung mit dem Phänomen »Freundschaft« würde über den selbstgesteckten Rahmen meines Briefes hinausgehen. Offensichtlich ist jedoch, dass das Verständnis von »Freundschaft« in Abhängigkeit von der Lebenswirklichkeit, dem Kulturkreis und der Epoche gesehen werden muss. Von der Antike bis zum heutigen Tag steht »Freundschaft« mit den Facetten von Zuneigung, Sympathie und Vertrauen im Zentrum des Interesses von uns Menschen. So definiert Aristoteles beispielsweise die Freundschaft »als eine Seele in zwei Körpern«. Periandros von Korinth fordert, dass man den Freunden »in ihrem Glück und Unglück der gleiche« sei. Oder Solon von Athen ergänzt: »Freunde erwirb nicht rasch; die du aber hast, verwirf nicht rasch.« Der letzte griechische Philosoph, Epikur, bestätigte Aristoteles dahingehend: »Die Freundschaft ist die wichtigste Garantie für persönliche Sicherheit.« So wie sich die Philosophie beim Erfassen der Vielschichtigkeit von »Freundschaft« jeweils unterschiedlichen Facetten zuwendet, in Abhängigkeit von Zeit, Kultur und gesellschaftlichem Kontext, gilt dies auch für die Literatur. Ins Auge stechen aus philosophischer Sicht Aristoteles und seine Ausführungen in der Nikomachischen Ethik. In der Literatur sind mit Blick auf die Beschäftigung mit »Freundschaft« exemplarisch Homer, Cicero, Vergil, im Mittelalter »Das Nibelungenlied«, Shakespeare und »Der Kaufmann von Venedig« und dann vor allen Dingen die Ballade »Die Bürgschaft« von Friedrich Schiller zu erwähnen: Damon übergibt dem Tyrannen den Freund Phintias als Garant und Bürgen für seine Rückkehr. Drei Tage hat er Zeit bis zur Rückkehr. Im letzten Moment – nach Überwindung vieler Widrigkeiten – erreicht er kurz vor der Tötung seines Freundes das Stadttor und gibt sich zu erkennen.

»Und Erstaunen ergreift das Volk umher;
In den Armen liegen sich beide
Und weinen vor Schmerzen und Freude.
Da sieht man kein Auge tränenleer,
Und zum Könige bringt man die Wundermär';
Der fühlt ein menschliches Rühren,
Lässt schnell vor den Thron sie führen.

Und blicket sie lange verwundert an;
Darauf spricht er: 'Es ist euch gelungen,
Ihr habt das Herz mir bezwungen,
Und die Treue, sie ist doch kein leerer Wahn –
So nehmt auch mich zum Genossen an.
Ich sei, gewährt mir die Bitte,
In eurem Bunde der Dritte.«
(Friedrich Schiller »Die Bürgschaft«, in *Gedichte Prosa*, herausgegeben von Benno von Wiese, Büchergilde Guttenberg, Frankfurt am Main, 1966, S. 175–179)

Extrahiert man die Kernessenz aus der soziologischen, philosophischen, literarischen und historischen Betrachtung, kommt man immer wieder zurück zu den Aspekten Nähe, Sympathie und Vertrauen. Nähe, Zuneigung und Vertrauen können aber nur dann entstehen, und dies gilt auch für Rotary, wenn Prinzipien und Leitbilder sich entsprechen. Insbesondere eine ähnliche Sozialisation wie bei den Rotarierinnen und Rotariern, ein tolerantes Weltbild und ein philanthropisches Selbstverständnis tragen wesentlich zur Entwicklung der Basis für Freundschaft bei. Daher ist auch das erste Instrument, um das Ziel von Rotary zu erreichen, die Entwicklung freundschaftlicher Beziehungen, um sich anderen nützlich zu erweisen. Und in der Vier-Fragen-Probe »Bei allem, was wir denken, sagen oder tun, sollten wir uns fragen …« wird unter Punkt 3 adressiert: »Wird es FREUNDSCHAFT und GUTEN WILLEN fördern?«

Auf diese Freundschaft, die bei Rotary in Deutschland eine lebenslange ist/sein sollte, konnten wir in der Krise vertrauen. Nicht nur die unzähligen Hilfsprojekte für die Schwachen in unserer Gesellschaft sind hierfür Bespiele. Nein, die Freundschaft war entscheidend dafür, dass wir in unserer Widerstandskraft gegen die Krise gestärkt wurden. Freundschaft, ein unverzichtbares Gut, das für sich alleine bereits jedes Engagement für Rotary rechtfertigt.

In diesem Sinne möchte ich mich bei Ihnen allen für Ihr Vertrauen und Ihre Freundschaft bedanken. Lassen Sie uns gemeinsam in Freundschaft, gegenseitigem Vertrauen, mit Hoffnung und Optimismus den rotarischen Leitgedanken und Zielen in unserem von uns allen so geschätzten Club auch in Zukunft folgen.

In diesem Sinne wünsche ich Ihnen eine Woche voller freundschaftlicher Begegnungen, bleiben Sie gesund,
mit herzlichen rotarischen Grüßen

Alexander P. F. Ehlers
Präsident